Happy & Positive

レディの教科書

ずるいくらい
思いのままに恋が叶う

婚活スペシャリスト
佐藤律子
Ritsuko Sato

かんき出版

恋愛レッスン生から**感謝と喜びの声**が続々届いています！

結婚相談所にも登録して婚活をしていましたが、
なかなか結果が出なくて悩んでいました。
勇気を出して律子さんの恋愛レッスンを
受講したら、
自分と合う男性のタイプや
男女の違いを理解することができ、
どう行動をしていけばいいかがわかり、
そのおかげで無事に結婚できました！
今は子どもにも恵まれ
幸せを手に入れることができて感謝しています。
（I・Yさん　36歳）

「このままは嫌！　どうしよう」と悩んだ末に
律子先生のレッスンを受けました。
自分と相性のいい男性の傾向が客観的にわかり、
この先に出会いたい男性像がわかったとたん、運命の人と出会えました。
おかげさまで目標にしていた期間内で、
予定どおりにゴールインすることができました！
（Y・Mさん　29歳）

婚活中にもかかわらず
出会いがまったくなかったのに、
律子先生に言われたとおりに実践して
2年で婚約までいきました！
今は結婚式が楽しみで仕方ありません。
（T・Sさん　40歳）

律子先生の婚活講座を受講して身についた力、
それは「**婚活自立**」。
理想の人を探すのではなく、
運命の人に見つけてもらえる自分に
育てる力です。
おかげさまで現在、
私らしくいられる男性と
婚約することができました。
とても幸せです♡
（A・Rさん　28歳）

律子先生の個人向け恋愛レッスンを受け、
自分をよく理解し、認めたことで、
運命の出会いに
気づくことができました。
そこからはあっという間！（笑）
夢に見ていた「旅館結婚式」を
実現することができました！
かわいい子どもにも恵まれ、
プライベートも仕事も欲張りに
人生を楽しんでいます♪
（Y・Wさん　27歳）

「年齢＝彼氏いない歴」だった私が
3カ月で彼氏ができました！
（H・Nさん　35歳）

今までの恋愛がうまくいかなかった理由が
はっきりして、
自分がこれからするべき行動がわかりました。
遠方（西日本）からレッスンを受けたかいがあり、
おかげさまで
もうすぐ結婚できそうです！
（I・Sさん　30歳）

これまでさんざん失敗してきましたが、
自分に自信を持つことができたし、
もう一度「前向きに恋しよう！」と
思うことができました。
（S・Yさん　35歳）

はじめに

あなたは、人間が幸せな一生を送るために必要なことは何だと思いますか？

地位や名誉を得ること？　何をするにも困らないお金持ちになること？　愛する人と生活をともにすること？

心理学者のアルフレッド・アドラーは、「人間が幸せな一生を送るために必要なこと」として、次の３つを挙げています。

①心から没頭できる仕事（天職）がある
②協力し合える仲間がいる
③愛する異性がいる

この３つを総合的に身につけた人は幸福度が高いそうです。

「それはそうだろうけど、人生はそんなにうまくいかないもの…」、そんな声が聞こえてきそうですね。でも、すでにこの3つを自分のものにして、幸せを手に入れた方たちがたくさんいらっしゃいます。

さて、ご挨拶が遅れましたが、はじめまして、佐藤律子と申します。私は現在、仙台で会社経営をしながら、日本で唯一の婚活スペシャリストとして自社はもちろん、地方自治体や大手企業とタイアップして婚活セミナーで講師をしたり、婚活イベントを運営したりしています。土日のほとんどは日本全国のどこかで婚活事業を行っています。これだけの依頼がくるのは、誰も真似できないような実績があるからです。

私が手がける婚活イベントのカップル成立率は平均50％以上。最高スコアは約80％。つまり、彼氏がいない独身女性が、私が運営する婚活イベントに参加すると、2分の1以上の確率で彼氏候補を見つけることができるということです。

その結果、**これまでに1000組以上を結婚にみちびいてきました。**

短大卒業後、普通のＯＬ（いや、ダメＯＬ）をしていた私が、なぜこの仕事をするようになったのか、そのきっかけについて少しだけお話しさせてください。

今から20年前、生まれて初めて友達の結婚式に列席したときのこと、あまりにもキラキラした結婚式の世界に魅了され、すぐに転職して24歳でウエディングプランナーになりました。

順調にキャリアを積み、26歳で仙台初のレストランウエディング事業で驚異的な売上（年商１０００万円から年商３億円へ）を達成しました。

この仕事はまさに私の天職！　と思い、30歳のときにブライダルプロデュース業で起業しました。

しかし、そんなタイミングで起業の他に、結婚、妊娠、出産のすべてが重なり、その無謀な環境と経営経験不足で事業に大失敗したのです。生まれたばかりの子どもの産着すら買えない状態にまで生活が困窮。子どもを育てることに必死で、社会と起業は甘くないことを身をもって学んだつらい日々でした。

そんなとき、国の少子化対策で自治体が独身男女に結婚支援するというニュースが目に飛び込んできました。

これまでの経験から「結婚に詳しい私だったらできるかも！」と婚活講師になることを決意。そのために、**生物学、環境学、社会学、心理学など、男女間におけるありとあらゆる学問を猛勉強して、男女の違いを体系化した「異性間コミュニケーション」を開発しました。**

この異性間コミュニケーションは、さきほどご紹介したアドラーの、幸せな一生を送るために必要な3つの条件すべてに応用できます。

①の仕事が円滑にいくために必要な男女間のビジネスコミュニケーション、②の仲間づくりに必要な男女間の生活的なコミュニケーション、そしてもちろん、③の愛する人へのコミュニケーションは、最も得意とするところです。

おかげさまで異性間コミュニケーション講座の受講者は、全国で延べ1万人を超えました。

そんなわけで、私は数えきれないくらいの独身男女とかかわってきましたが、特に女性は、年齢とともに、恋愛と結婚のチャンスはどんどん減っていきます。

結婚はスピード勝負。「結婚したい」と思い立ったそのときが適齢期。どんどん出会いを求めてチャンスをつかむべきです。

女性の恋愛の悩みの代表格が、「出会いがない」「男性と出会って恋愛しても長続きしない」「恋愛が面倒くさい」です。

今の時代、SNSなどの普及もあり、出会いのチャンスはたくさんありますが、出会ったとしても上手に男性をコントロールできず、チャンスを活かしきれない女性が多くいます。

男性が恋に落ちるメカニズムは、実はとても簡単。

でも、なぜ結婚できないのか?

それは、**恋愛や結婚のしくみを誰からも教えてもらっていないから**です。理想の男性と出会って結婚をするためには、恋愛や結婚のしくみを知り、努力と行動によって運の流れを「結婚できる」ように変えるしかありません。

そのためには、

「マインド」＝恋愛や結婚に対して前向きで行動的な思考にチェンジする

「異性間コミュニケーション」＝男女の違いを理解して男性を的確に攻略する

「見た目」＝男性目線を意識した魅力的な外見をつくる

この3つの要素が必要です。

これらが身につくと、「女性らしい刺激的な立ち居振る舞いと言動」が自然にできるようになり、行動力が加速します。

今、目の前に存在している男性と、もっと努力をして自分が成長した後に出会う男性は、同じではありません。努力をして環境を変えると、その環境によって出会いも変わり、運命も変わります。

つまり、自分の意思で出会いの環境と運命のすべてを変えることができるのです。

あなたにとって「理想の男性と交際して結婚する」ことが人生の最優先の目標であるならば、恐れずにチャレンジして幸せを手に入れてほしいと思います。

さあ、私と恋の出会いの旅へ出かけましょう！

Contents

Chapter 1

理想の自分になれる！ Happy＆Positiveレディの秘密

Chapter 2

思いのままに恋が叶う！ 異性間コミュニケーションレッスン

Chapter 3

男の視線を奪う！自分史上最高の女《わたし》に魅せる方法

ブックデザイン　bitter design
DTP　Office SASAI
本文イラスト　もと潤子
編集協力　斎藤真知子

Chapter 1

理想の自分になれる!

Happy&Positive レディの秘密

愛は行動なのよ。
言葉だけではダメなの。
言葉だけですんだことなど一度だってなかったわ。
私たちには生まれたときから愛する力が備わっている。
それでも筋肉と同じで、
その力は鍛えなければ衰えていってしまうの。

オードリー・ヘップバーン

1 ポジティブな言葉が大好きな自分をつくる

私はこれまで３０００人以上の女性に恋愛・結婚のアドバイスをしてきましたが、その多くの方に共通することがあります。

それは、「自分に自信がない」「自分のことが好きではない」ということ。つまり、自尊心が低いのです。

しかし、こういった女性は基本的にアドバイスを受ける柔軟さがあり、とても素直なので、私が教えたとおりに行動したり、おすすめしたファッションに変えたり、本気で婚活をスタートさせると、思っている以上にトントン拍子にうまくいくことが多いのです。

ですから、まずは自分に自信を持つこと、自分で自分のことを好きになるために、ぜひやってほしいことがあります。

それは、とにかく**肯定的な言葉を口に出すこと**。

自尊心の低い女性は、「でも～」「だって～」「どうせ～」「無理ですよ～」など、会話をしていても反射的にこれらの言葉を口にしています。

あなたも心当たりはありませんか？


よく言われるように、言葉はそれ自体パワーを持っています。ネガティブな言葉ばかりを口にしていたら、気持ちも落ち込みますし、ネガティブなことやネガティブな人間関係を引き寄せてしまいます。

逆に、ポジティブな言葉はポジティブなあなたをつくり、ポジティブなこと、ポジティブな人間関係を引き寄せます。


落ち込みやすい心のパターンは、なかなか変えられません。言葉や行動を変えるしかないんです。

習慣となっている行動を変えるより、言葉を変えるほうが簡単だと思いませんか？

気持ちを切り替えるきっかけとしておすすめなのが、**前向きな短い言葉を繰り返すことです。気持ちを込めなくてもＯＫ！**

前向きな言葉を機械的に繰り返すだけで、自然に気持ちが前向きに変わってきます。

私の場合は、「私はちゃんとできてる」「大丈夫」「かわいい」などと決めています。

このように、自分がネガティブになったとき、前向きに立ち直るための言葉を用意しておくことです。

心と体はみなさんが思っているより密接につながっています。言葉を変えることで、心も変わっていけるのです。

自分の好きな言葉を持つことで、「自分を知る→自己を肯定する→自分を好きになる」ことにつながります。自分を知って、認めて、好きになりましょう。

たとえば、「ありがとう」という言葉が好きなら、毎朝起きたら鏡に向かって自分に「ありがとう」を100回言う。暇な時間にひたすら言い続ける。すると、否定的な自分がいなくなっていきます。自分を許せるようになっていきます。そして、少しずつ外に向かって行動できるようになります。

タイミングよく自分を褒めてくれる人は自分しかいません。自分を励ます、元気づける、褒める言葉を持ちましょう。

Lesson Point

自分の好きな言葉を持つと、自分を好きになれる。

2 恋愛自己肯定力を高める10のヒント

前項で、自尊心を高めるために、自分の好きな言葉を持つことをおすすめしましたが、次のステップとして自己肯定力を高めていきましょう。

自己肯定力とは、読んで字のごとく「自己を肯定する力」のこと。この自己肯定力が低いと、恋愛においてもマイナスなことが多くなります。

次に、自己肯定力を高めるための10のヒントを挙げましょう。

①自分に対する要求水準を下げる

自分への要求・理想が高すぎていませんか？

特に完璧主義の人に多く見られる傾向です。要求が高すぎると「完璧にクリアできた」と満足できる回数はほとんどなくなってしまうでしょう。

そして「私ってダメだ」と落ち込むスパイラルに…。

何事も「60％でＯＫ」「6割できれば十分」と考えましょう。

②我慢ぐせをやめる

嫌なこと、つらいことがあったら、**誰かに話したり、泣いてＯＫ**です。

〝我慢ぐせ〟がついている人は、嫌だなと思った瞬間に、自分で無意識のうちに感情を抑え込むようになってしまっています。我慢ばかりだと、自分自身が枯れてしまいます。まず、誰かにその出来事を話してみましょう。

③短所を直そうとしない

「自分はここがダメだ」と、短所にばかりフォーカスしてしまうと、そのことばかり考えてしまい、頭の中がネガティブ感情に支配されてしまいます。何事も表裏一体。もしかすると、**あなたが短所だと思っている部分は、裏を返せば長所かもしれません**。

④好きなこと、やりたいことをはじめる

今まで好きだったことを、3～5年単位で振り返って書き出してみてください。その中であなたがやりたいと思っていたのに放置していたこと、はじめたいと思っていた習い事などを今すぐはじめましょう。

⑤人から褒められよう、認められようとしない

人からの評価だけを気にするのはやめましょう。周りの評価に振り回されてはいけません。私は私。あなたはあなた。そのままでまるっとOKなのです。

周りに期待するのではなく、自分で自分を褒めましょう。そう切り替えるだけで、日々の心持ちが変わってきます。**一番頼もしく、一番味方になってくれるのは、あなた自身**なのです。

⑥人も自分も許す（責めない）

正義感や完璧主義が強すぎると、すぐに人を責めたり自分を責めたりしがちです。怒りの感情が湧いても、それを**「まぁ、いいか」と言葉に出して感情を逃がしてみてください**。人間、誰一人として完璧な人はいません。他人のことも自分のことも許せるようになりましょう。

⑦人を褒める

人を褒めるくせをつけましょう。その人のどんなところが魅力的なのか、相手をよく観察することになるので、自然と人そのものに対してポジティブな興味を持って見ることができるようになります。

また、人間の潜在意識は主語を認識できないと言われています。ですから、**人を褒めることは、自分を褒めることと同じ**なのです。

⑧人に感謝の言葉を伝える

大きなことでも小さなことでも、人に「ありがとう」と言い続けましょう。**感謝する気持ちを持つことは、謙虚な姿勢を育ててくれます。**

ある調査では、「ありがとう」を多く言う人は、精神的なストレスを引きずりにくいという結果も出ています。「ありがとう」という言葉には、言っても言われても、ポジティブなパワーを生む力があるのです。

⑨笑顔で人に接する

第一印象を決めるのは、なによりも表情です。男性の前ではもちろん、会社でもプライベートでも、笑顔で人に接しましょう。

実は人間の脳は、たとえつくり笑いでも、表情を笑顔にすると「嬉しい、楽しい」と認識するという説もあります。さらには免疫力を上げるなど、体によい影響を与える力がたくさんあると言われています。

自己肯定力が低い人は普段から無表情なことが多く、笑顔をつくることに慣れていません。だから突然、笑顔をつくれと言われると、ぎこちない表情になったりします。最初はつくり笑いでかまいません。そこからはじめて、笑顔が普通の表情になるくらいを目指してみてください。

⑩その人の存在を喜ぶ

一期一会。**すべての出会いに感謝して、その人の存在を喜びましょう。**この世の中でどんな人と出会っても、最後は必ず別れることになります。だからこそ、その人に出会えたこと、存在してくれていることを喜び、大切にしましょう。

いかがでしょうか？

最初からすべてできなくても、1つずつ日々の生活の中で意識して実践することで、自然とできるようになっていきます。もちろん、私もまだまだ修業中です。

自己肯定力が上がると、恋愛だけでなく、仕事も人間関係も、人生がぐんぐん輝きはじめます。

Lesson Point

「どんな自分」も、あなたが一番の味方になって応援してあげて。

3 結婚できない女＝「自己顕示欲の強い引っ込み思案」

男性と恋に落ちるのは、実はとても簡単です。たとえば、**「笑顔を絶やさない」「会話の中の主義主張を１００％肯定する」「ちょっとだけ触れる」**、この立ち居振る舞いだけで、男性の本能を刺激すれば、どんな女性でも恋人をつくることは可能です。

しかし、このたった３つのことが、プライドが邪魔をしてできない女性がほとんどです。運命の男性と結婚する女性、できない女性の大きな違いとも言えます。

この結婚できない女性のタイプを一言で言うなら、「自己顕示欲の強い引っ込み思案」。単に「引っ込み思案」なだけなら、先の「自尊心が低い」タイプと同じ傾向ですが、「自己顕示欲が強い」のが難点です。

つまり、自分に自信がまったくないわけではなく、男性に注目してもらいたい、モテたいという気持ちはあるのに、自分からは何も動かないタイプ。そして、「ガツガツしてるように見られたくない」「男性に媚びてまでモテようと思わない」などと考えます。

ある日、私が主催した婚活パーティーでもこんなことがありました。見た目はとても美人でおしゃれ。これは今回の人気株では？　と思っていたのですが、彼女がずっとツンとすました態度をとっていたせいで、最後にカップルをつくる時間に彼女だけが余ってしまいました。

結婚する気がないのなら、そういう態度でもかまいません。でも、婚活をしにきているはずです。結婚したいと思っているのなら、笑顔で挨拶したり、いろんな男性とお話しすることは、「媚びる」ことではありません。

「いつか結婚できればいいな」「いつか運命の人と出会いがあればいいな」と漠然と思っていても、「いつか」はきません！

「いつか」を「今」に変えて、あなたから行動を起こすのみです。

まずは、あなたの今の恋愛力を知るべく、次の項目のうち当てはまるものにチェックをつけてください。

〈あなたの恋愛力チェックシート〉

□男性と飲むより女子会のほうが回数が多く、楽しいと感じる
□友達の恋バナに興味がない
□恋愛映画も恋愛ドラマも見ていない
□男性アイドルか、イケメン俳優に夢中
□体重をずっと測っていない
□大好きな趣味がある
□洋服を選ぶとき、「男性ウケする服」という観点で選ばない
□ファッション誌を読んでいない
□家で1人で過ごす時間が好き
□たいていのことは誰にも頼らず自分でできる
□部屋が散らかっている

□母親のことが大好き、家族のことが大好き
□男性と付き合わなくても特に困ることがない（悩んだことがない）
□結婚はいずれできると思っている

さて、いくつチェックがつきましたか？
チェックが多い人ほど、結婚が遠のいている状態です。でも、大丈夫。私のレッスン生も1つずつクリアしていくことで、みなさん運命の人と出会い、結婚されていきました。

恋愛力は女子力の源！
恋愛や結婚は、最も濃密で難しいコミュニケーションスキルを必要とします。恋に悩まない女性はいません。恋愛力が身につけば、男性に心から愛されて結婚できる魅力ある女性になれます。

Lesson point

大丈夫。1つずつ課題をクリアして恋愛力を上げていきましょう。

4 簡単！ セルフイメージを上げるプチワーク

あなたの魅力は何ですか？

こう質問されて、すぐに答えられますか？

私のレッスンでは生徒のみなさんに必ず自分の魅力を理解してもらうために、「魅力発見ワーク」を行っています。これは、心理学に基づいたワークです。

まず、あなたが魅力的だと思う人物の名前を3人挙げてください。男女の区別なく、身近な人でも芸能人でも、アニメのキャラクターでも、歴史上の人物でも、誰でもかまいません。どうしても3人は出ないという人は、最低2人は挙げてみてください。

(1)
(2)
(3)

次に、その人物は、それぞれどんなところが魅力的なのか？　箇条書きでそれぞれ3つずつ挙げてください。

(1)
①
②
③

(2)
①
②

③

(3)

①

②

③

それぞれ3つずつ、合計9つ挙げた魅力的な特長から、優先順位の高い順に6つ○をしてください（重複するものは、優先順位が高いと言えます）。

そして、○をつけた6つのキーワードを使って、次のように1つの文章にします。

うまくつながらないところがあっても、気にせずつくりましょう。

「私が魅力的に感じる人は

な人です」

文章ができたら、それを声に出して読み上げます。

さて、**この文章、実はあなた自身のことを語っているんです**。あなたの長所を書いた自己紹介文になっています。

「えっ⁉　ウソ！」と驚いた人もいるでしょう。

私のレッスンでは、誰か1人が読み上げているときは、他の人たちに「読んでいる人をよく観察してください」と伝えます。

読み上げた本人に、「それはあなた自身の長所のことですよ」と伝えると、だいたい「えー！　私こんなによくないですよ～」と謙遜されますが、他の人たちは、「そのとおりじゃないですか？　そういうふうに見えますよ」とみなさんおっしゃいます。

そう、周りの人はあなたのよいところを認めているのに、本人だけが気づいていない、認めていないことがたくさんあるのです。

これは、**あなたの中の「理想の自分像」**なのです。

ですから、その長所を活かすような外見、そして内面のつくり込みをさらにしていくと、そこがあなたの突出した魅力になります。

この最後の文章、「私が魅力的に感じる人は●●な人です」を書き出して、部屋のよく見えるところや、鏡の上などに貼って、日々の生活の中で意識するようにしましょう。

あなたにはこんな素敵な魅力があるということを、客観的に、ポジティブに受け止めましょう。

Lesson Point

あなたが素敵だと思う人の魅力は、あなた自身の魅力だと気づいて。

5 ネガティブな思い込みから自分を解放させよう

恋愛の話を誰かにするとき、あなたはどんな切り口で話をしますか？

ラブラブハッピーな喜びの切り口ですか？

イライラ嫉妬のつらさの切り口ですか？


実は、この**言葉のチョイスが、あなたの恋愛の命運を分けています**。

「心配事の80％は現実化しない」と言われています。それなのに心配しすぎていると、心配事が現実化してしまいます。

たとえば、今、新しい恋愛がはじまったばかりなのに、過去の失恋した経験をいつまでも引きずって「またフラれたらどうしよう」と、過去のつらい体験をリアルにいつも思い出していると、それが事実として脳に伝達されてしまい、実際にフラれてしまう現象が起きてしまいます。

そして、あなたはこう思うのです。

「やっぱり私はフラれてしまうんだ」

「恋愛なんてつらいことしかない」

その思い込みのまま恋愛を繰り返し、一生幸せな恋はつかめなくなってしまう…。

それって、怖くないですか？


これは恋愛の場面でなくても、たとえば「私は人前であがってしまう」と思い込んでいるから、体がカーッとなって、本当にあがってしまうのです。

「失敗したらどうしよう」と思い込んでいるから、体がガチガチになって、本当に失敗してしまうのです。


今の「できる、できない」は、あなたの思い込みでつくられたものです。これまで出会った人の言葉の影響やいろんな経験で、「これはできるけど、これはできない」と思い込んでいることはありませんか？

その枠をはずして「できる、できる」と思ったら、自分でつくった限界の枠を突破できるかもしれません。

某大統領夫人は、幼いころ家が貧しく苦労しましたが、「私はお姫様みたいな生活をする」と言い続け、「私はお姫様になるのにふさわしい」と思い込んで、ついに大統領夫人というお姫様の座を手に入れたそうです。

私には価値がある、できると信じれば、思ったとおりの現実になるという実証ですね。

私は恋愛レッスンの中で、婚活中の女性が1年以内に理想のパートナーと結婚するための方法として、「ウエディングドレス貯金」をおすすめしています。

「結婚式でウエディングドレスを着る！」という願望を、すでに叶った状態を体験することで、理想のパートナーを引き寄せることができます。

過去にもレッスン生に「ウエディングドレス試着会」を開催したことがありますが、そのときに参加された70名の独身女性のほとんどが数年後にご結婚されました。

これは、**すでに願いが叶った振る舞いをすることで、脳に「現実」として刷り込みがされる**からです。


思い込みが人生をつくっているとしたら、今、目の前に起こった事実は、あなたの思い込みが現実化しただけ。

つまり、**自分がリアルにイメージした自分しか存在しないんです!**

これに気づくかどうかで、あなたの人生は大きく変わります。

自分が考えている自分にしかなりようがないのならば、とことんプラスのイメージを持っているほうがいいですよね。

誰かの評価なんて気にせず、自分が「私はすごくいい女」と強くイメージすれば、本当にそうなっていくんです。

私自身は恋愛に関してはもともとポジティブな考え方で、18歳から今まで、こう思い込んできました。

「私は素敵な男性とばかり付き合っている」
「私を大切に愛してくれる男性とだけ出会う」
「私は超あげまん体質で、付き合った男性をいい男に成長させる」

実際に、今までお付き合いした男性は、みんな素敵な男性でした。
そして、今も、これからも、思い込みは現実化していくと思います。

Lesson Point

思い込みが人生を支配する。だから、人生は変えられる。

6 結婚できないのは誰のせい？

最近インターネットで、「プロポーズ待ちをするのが疲れた」という女性たちの声を目にしました。

長く付き合っているのに、「彼が結婚を言い出さない」「全然プロポーズする気配がない」と悩んでいる女性が大勢います。


女性としては、ある程度の交際期間を経て、彼からプロポーズされて結婚するのが一番の理想ですよね。

それなのに、どうしてプロポーズしてくれないのか。

彼と結婚できない理由は何だと思いますか？

いろんな理由が思い浮かぶと思いますが、それらをいったん置いておいて。

彼のせいにしていませんか？

「彼の収入が低いから」「彼の仕事が忙しいから」「彼に度胸がないから」など、理由はすべて彼にあると思っていませんか？

でも、もしかしたら**あなたが彼から「結婚したい女性」と思われていない**。それだけのことかもしれません。

男性は、「この女性を手放したくない」「自分だけのものにしたい」と思ったら、仕事などの状況に関係なく行動に移すものです。彼がそれをしないということは、そう思われていないということ。


自分はこんなに「結婚したい」と思っている相手なのに、彼にはその意思がなく、結婚の話を出してもはぐらかす…。悔しいですよね？

でもその場合、彼ではなく、あなたが変わる必要があります。

相手のせいにしているということは、「相手に変わってほしい」と思っているからです。でも、他人をコントロールすることはできません。**あなたの意思で変えられる**

のは、「自分だけ」です。

結婚できないのは、自分に原因があるのでは？
そう考えるところからスタートしましょう。
男性は、基本的に女性に嫌われることを恐れているので、「君のここが嫌だから結婚する気はない」などと、はっきり言う人は少ないでしょう。

まず、覚えておいてほしいのは、男性にとって「恋人」という存在のいる環境はとても都合がよく、それを壊したがらないこと。法律上は何の規制もなく自由ですし、それでいて身の回りの世話を焼いてくれる、精神的安定と肉体的快楽が提供される。だから、恋人関係は継続したいのです。

そんな中であなたは、「彼を失いたくない」「好かれていたい」という欲求から、彼の言いなりになり、甘やかしてしまったのかもしれません。
その「愛されたい欲求」が叶えられないと、叶えてくれない相手を責めるようになります。ここで、**愛が執着に変わる**のです。

「結婚を言わなくても、俺から離れないだろう」と安心させてしまったのは、実は、あなた自身なのです。

もうこの時点で、対等な関係ではありません。どちらかが我慢する恋愛は、いつか崩壊します。嫌われるのが怖い気持ちはわかりますが、嫌われても自分の意思を表現する勇気を持たなければ、一生、男性に軽んじられ続けることになってしまいます。


まず、自分と結婚する意思があるかどうか、勇気を出して聞いてみましょう。

そうすると、「ある」「ない」「先延ばし」のいずれかの答えになるはずです。

もし、「ない」「先延ばし」の答えなら、彼とは一度別れましょう。

あなたが選択したくない最もつらい選択だと思いますが、「私だっていなくなるんだよ」と思わせることが大切。そうなったときに、彼の真意を知ることもできます。

もしくは、もっと視野を広げるために、合コンに参加したり、婚活イベントに行ったり、彼以外の男性とたくさん会ってみましょう。人やものに執着していると、思い入れが強すぎて、客観視できなくなるものです。彼以外の誰かを結婚相手として考えるきっかけになります。

もし、あなたにとっても彼にとっても、お互いが必要な存在だったと感じることができるなら、もう別れたり、婚活したりの駆け引きは不要です。結婚を前提としたお付き合いに変化していくでしょう。

恋愛にかぎらず、何かがうまくいかないとき、その理由はたいてい自分自身にあるものです。

どんなに親しい間柄でも、相手を変えようとしないこと。自分が変わるほうを選択しましょう。何事もそう考えることが解決への近道です。

Lesson Point

相手を変えようとしないこと。自分が変わることが解決への近道。

7 理想の人と結婚したいなら…

結婚披露宴で主賓挨拶に立ったある男性が、

「かく言う私、離婚を経験し、少し前に再婚したばかりですが、相手を変えても、さほど変わらないことがわかりました」

そう、新郎新婦へ諭すように語りました。


また、心理学者の河合隼雄先生も結婚相手の選択について、

「その人の人生の意味を持って相手を選んでいる。自分の人生の課題にふさわしい人がちゃんと伴侶になっているものです」

と、選んだ相手に対する自分の責任を強調しています。

つまり、選ぶ側が内面的に成長しなければ、相手を何度変えても「さほど変わらな

い」ということ。**他人ではなく、自分自身が起点**なのです。

私が婚活中の女性に一番意識してほしいと思うのは、**結婚は「依存」ではないということ**。

婚活の相談にくる女性のほとんどが、理想の男性のはずせない条件として、「年収」「ステイタス」を挙げます。

実はこれ、彼氏ができない女性の、男性に求める理想のトップ3ですが（ちなみにあと1つは「容姿」）、男もお金も、「ほしい、ほしい」と依存的に執着すると手に入りません。

でも、どうしてもあなたがお金持ちと結婚したいなら、「年収」「ステイタス」の概念を、「向上心」「努力」に変えて相手の資質にフォーカスすること。

そして、「自分だって、それぐらいの年収を稼げるもん！」というマインドを持つこと。そうすることによって、お金持ちの男性と出会う機会が増えます。

私自身、男性をお金で査定することをせず、自分でお金を手にするようになったら、逆に大企業にお勤めの方や会社経営者など、お金持ちの男性に囲まれるようになりました。

結婚相手に高い理想を掲げるのなら、それにふさわしい自分であるかどうかを考えてみましょう。

結婚は、「自分がしてほしいこと」を叶えるためにするのでありません。「相手にしてあげたいこと」を実行することに醍醐味と幸せがあるのです。

Lesson Point

「いい男」は「いい女」の前に現れる。

8 「NO」と言えますか？

結婚したからといって、何もかもを共有して、考え方も愛情のレベルも全部一緒でないと嫌、お互いに隠し事は一切なし、などと決めてしまうと、結婚がとても窮屈なものになってしまいます。

また、「共依存」という好ましくない状態になってしまう可能性もあります。**バランスのとれた健全な恋愛関係を築くためには、「NO！」と言い合えることが大事。**

やりたくない、行きたくない、食べたくない。

相手からの提案に対して「NO」という気持ちであれば、ちゃんと断ること。**断るという行為は、正しい関係を結ぶためのポイント**です。

親密な関係を目指すなら、何でもかんでも受け入れるのではなく、意に沿わないのであれば「NO」と言いましょう。そして、相手から「NO」と言われたときも、いちいち拒絶されたと受け取らないこと。あなたが「NO」と言ったのと同じように、相手にも理由があることを理解すること。
独身女性に一番大切にしてほしいのは、パートナーの選び方です。

正しいパートナー選びとは、

自分と気が合うか？
お互いに大事にし合えるか？
嫌なことは嫌と言えるか？
一緒にいて心から安心できるか？
一緒にいて心から笑えるか？

これに尽きます。

結婚しても、彼とあなたは個と個。1人の人間と1人の人間です。結婚したから「私のもの」「俺のもの」ではありません。もっと言えば、子どもですらも、自分のものと思わないほうがいいでしょう。人は誰しも独占などできないのです。

結婚相手だけでなく、何を選び、どちらに進むか、人生は日々選択の連続です。自ら選びとった人生に、一切の責任を負う潔さがあれば、他人の目を気にしたり愚痴が出たりはしません。

自分が選んだパートナー、自分が選んだ仕事、自分が選んだ人生、すべてに感謝する気持ちを持って悔いのない生き方をしていれば、その先に必ず大きな幸せが待っているはずです。

Lesson Point

すべてのことは自己責任という潔さが、幸せな人生をつくる。

9 婚活をはじめる前に考えておくこと

結婚の応援をするのが私の仕事ですが、結婚することは人生の1つの通過点に過ぎず、幸せの保証はありません。

結婚したとしても、相手の人生と自分の人生は別物です。

結婚したとしても、相手におんぶに抱っこで依存するのではなく、自分の歩きたい人生を自分の足を使って歩き続けるべきだと思います。

結婚したいか、したくないか、自分自身に問いかけるしかありません。

幸せの価値観は人それぞれ。何が幸せなのかは、人によって違います。そして、人生にはかぎりがあります。

幸せになるためには、何を一番手に入れたいのか？

本当に「幸せ＝結婚」なのか？

婚活をはじめる前に、一度きちんと自分自身と向き合って、考えていただきたいのです。

「自分は何者か」「自分がやりたいことは何か」――一番大事なのは自分自身を知り、理解することです。そうすることで、これからどんな人生を生きたいのか、どんな男性と結婚したいのか、あるいは結婚しなくてもいいのかが見えてきます。

次のステップを踏んで、「本当の自分」を見つめ直してみましょう。

①自分を振り返る

「自分っていったい何なのだろう？」という疑問を自分自身につくり出し、悩むところからはじめます。

②とにかく何かを変える

悩むだけでは何も進まない、解決しないことに気づくはずです。自分の身の回りのこと（ファッションや部屋など）を変化させたり、旅行に行って環境を変えることで、新たな自分の可能性に気づいたり、視野が広がったりします。

③挑戦する

この段階では、新しいことにチャレンジします。スキルアップのために習い事をはじめたり、将来やってみたい仕事の勉強をしたり。また、今までとは違った環境（転職するなど）に移動する場合も含まれます。

④犠牲にする

挑戦する中で、自分にとって居心地のよかったことを1つ2つ失うことが多いのが、この段階です。たとえば、友達と遊ぶ時間を失ったり、今まで自由に使えていたお金や余暇がなくなったりします。

⑤犠牲の中から何かをつかむ

犠牲を払ってまで何かに打ち込んだ結果、振り返ってみると、自分という人間が成長していることに気づきます。また、未来にやりたいことまでいつの間にかつかんでいます。

さて、「本当の自分」が見えましたか?

恋愛にしても、結婚にしても、大事なのは自立している女性であるかどうかです。

これは仕事や人間関係においても同じ。誰かに依存するのではなく、自分自身の力を信じて、自分を幸せにすることからはじめましょう。

結婚してもしなくても、あなたはあなたです。

Lesson Point

「幸せ=結婚」なのかをもう一度考えてみましょう。

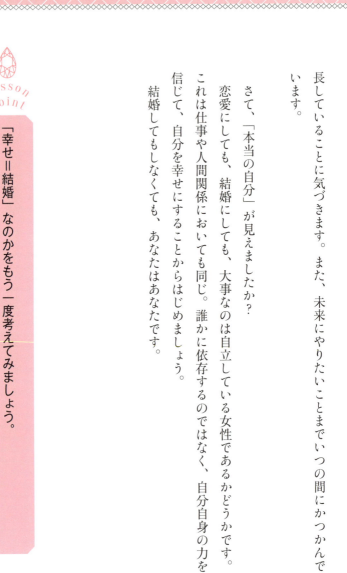

10

1秒前のことも過去

仕事や人間関係で失敗したことをクヨクヨ考え、「ああすればよかった、こうすればよかった」と後悔することはありませんか？

そのときの選択はベストだったはずなのに、ちゃんと考えに考えた結果だったのに…。ありますよね。

そんなとき、ポジティブな未来志向に転換する方法があります。

過去の後悔を1つ考えてしまったら、ついでに明るい未来のことを3つ考えてみる。

未来は希望ですから、自由にユーモアを持って考えてください。

後悔いっぱいの失恋について考えてしまったら、3つの新しい恋を想像してみましょう。ここで考える未来の恋のあり方は、どんなに大袈裟でもかまいません。実現の可能性なんてまったく考えることなく、好き勝手に素敵な恋のビジョンを描きましょう。

私は基本的に、「1秒前のことも過去」と思っています。

時間だけは誰にでも平等に与えられています。取り戻せない過去に執着していても仕方ありません。執着することで自分も苦しみ、執着している人を見た相手は、その人を魅力的とは思わないでしょう。

過去志向の後悔型人間より、未来志向の希望型人間でありたいですね。

過去のことよりも未来のことを考えたほうが、人生は前に前に進むのですから。

Lesson Point

過去の後悔を学びにすることで、未来志向になれる。

11 ツイてる女になる一番簡単な方法

あなたは、ツイてる女ですか？　ツイてない女ですか？

人生がツイている、ツイてない、の差は、本人がツイていると思っているかいないかです。

「潜在意識」をご存じですか？

潜在意識とは、睡眠中にも働いて「思い描いたとおり」の未来に連れて行ってくれる万能な意識のことです。

いいことを考えればいい方向へ、悪いことを考えれば悪い方向へ、潜在意識が私たちをみちびきます。

ですから何が起こっても、物事をいい方向へ考えること。頭の中のイメージは、

「私から幸運をつかみにいく」
「幸運が私めがけて飛び込んでくる」

こんな感じです。

しかし、いいことばかりが続くと、心の中によぎる思いがあります。
そのうち、悪いことが起こるんじゃないか？
そんなにうまくいくわけがない…。

私自身、いいことがあると、必ずその後に悪いことが起こる。そうやって人生のバランスは整っているもの。そう思っていた時期がありました。
でも、もしこれが自分の思い込みだったら、どれだけ私は人生を損してきたのか。

たしかに、人生にはいいこともあれば、悪いこともありますが、重要なのはそれをどのように受け止めるかですよね？
たとえ、**悪いことが起こったとしても、考え方次第でプラスに転じることができれば、悪いことだったということにはならない**のです。

今日は何を食べようかな？　という小さな選択から、この人と結婚しようかな？という人生の大きな選択まで、人の一生は「何を思い、何を選ぶか」で大きく変わっていくのです。
幸運は、誰にでもめぐってきます。運のよし悪しは、そのことに気がつくかどうかだけなのです。

私が考える運がいい人の特徴は、頭の中に常にプラスの考え方を持ち、心の中は常にプラスのエネルギーが溢れていて、常に笑顔で行動的な人です。
あなたはどれだけできていますか？

いつもいい想像をすること。

自分は運が強いと思うこと。

だから、婚活中のあなたが心から確信を持って想像し、口にする言葉は、

「私は必ず結婚する」

「素敵な相手と必ずめぐり合う」

こういう言葉にしてください。迷ってはダメ！　思い込めば必ず叶うから。

私も、「私と関わった人は、みんな幸せになる」、そう心から思い込んでいます。

自分のいいことだらけの未来を鮮明に思い描いて、それに向けて積極的に生きていれば、きっと幸運が舞い込んできます。そのためには、「今」のあり方が大事。

たとえば、もっとキレイになりたい！　と思ったとして、今がキレイでなかったら、5年後、10年後、どんなふうにキレイと向き合っていくのでしょう。

今が一番でなければ、明日を更新することはできません。今を大事に、今輝くことをしていかなければならないのです。

今、幸せだったら「幸せ」を引き寄せる。
今、楽しかったら「楽しい」を引き寄せる。
今、嬉しかったら「嬉しい」を引き寄せる。

これがツイてる女になる第一歩です。

Lesson Point

運が味方するのは、「今」を大事に生きる人。

12 愛の告白はすべてが成功体験

私が運営する婚活イベントは、毎回カップル成立率50％以上を誇ります。
それは、告白することを

・素敵なこと
・かっこいいこと
・成功体験であること

と、ポジティブな行動として推奨しているからです。

しかしながら、普通は好きな人に告白しようと思っても、なかなか踏み出せないものですよね。

「変な人だと思われたらどうしよう」
「嫌われるかもしれない」
「恥ずかしいから無理」

たしかに、告白をしても、必ずしもいい結果が得られるわけではありません。もしかしたら「キモイ」「うざい」と拒否されてフラれることもあります。

でも、**告白が成功したら、その人と付き合って結婚できるかもしれない。人生の大きなチャンスを手にすることができる**のです。

私は、今の夫も含めて、男性から告白されてお付き合いすることがほとんどでしたが、片思いのままで終わってしまった恋もたくさんありました。

もし、私があの人にちゃんと気持ちを伝えていたら？　お付き合いして結婚したのだろうか…。だったら、人生そのものが変わっていたかもしれない。

告白できない心理として最も大きい不安は、「傷つきたくない、恥をかきたくない」という、相手の好意を確信できないことです。その不安が決意を鈍らせて、告白しないまま現状維持を選択してしまう経験はきっと、誰にでもあると思います。

しかし、成長のためには「傷つき」から逃げてはいけません。恋愛関係でも、お互いに好きなのに傷つけ合うことをしてしまうことは多いものです。「傷つき」を学びに変える意識を持てば、自分が傷つくことによって、耐えること、乗り越えることを体験できます。人を傷つける痛みを感じることで、思いやり、優しさを知ることができます。

告白がうまくいってもいかなくても、自分自身の経験として心が成長して、次の恋愛でうまくいくことも多くなります。

愛の告白も恥ずかしいのは、ほんの一瞬。胸が高鳴る一大イベントも過ぎてしまえばあっという間です。

人との出会いはお金では買えない宝物です。

運命の出会いがあっても、その良縁を逃がしたら、人生にとって大きな損失になります。

人が息を引き取る間際の後悔したことランキング1位は、「好きな人に好意や感謝の気持ちを伝えなかったこと」なのだそうです。

後悔しないためにも、**自分の本当の気持ちをまっすぐに伝えること**が大事！婚活イベントのカップリングタイムでも、ストレートに告白をする人のほうが成功率が高まります。

たいていの人の深層心理では、「誰か告白してくれないかなぁ～」なんて期待してるものなのですから。

Lesson Point

好きな人には「好き」とまっすぐに告白してみよう。

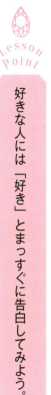

13 嫉妬の感情を手放す方法

「また飲み会!?　女の子もいるの？」
「かわいい女の子がいたらどうしよう…」

彼が女性と一緒の場に出かけるたびに、不安になってモヤモヤしていませんか？

恋人がいる女性の大半が抱える嫉妬という感情。
そもそも、まだ何も起きていないのに、なぜ人はヤキモチを妬くのでしょうか？
彼が浮気をしているわけでもないのに、近くに「女という存在」がいるだけで心配。
このモヤモヤ、ザワザワする気持ちはどうしたらいいのか、困りますよね。

嫉妬が起こるメカニズムを知っておくだけで、あなたがラクになることはもちろん、彼ともよりよい関係を築いていけます。

原因は、あなた自身の「勝手な妄想」。女性は男性よりも想像力が豊かです。

たとえば彼が、女の子も含めた飲み会に参加していて、「もし、その場の女の子が彼に色目を使ってきたら…」なんて、起きているかどうかもわからないことを「もし…、もし…」と自分の中で妄想して不安になっていくのです。

もしかして、あなたは彼の周りにいる女性すべてに嫉妬をしていますか？

女性が嫉妬心を抱くときに重要視しているのは、相手の女性の見た目が美しいかどうかの「容姿」です。

自分よりもかわいくて魅力的な女の子が彼の周りにいる。

彼の心がその女の子に奪われてしまったら…。

こうなると、自分より魅力的に見える女性は全員、自分の「敵」になってしまいます。

隣の芝生は青いもの。美人系の女性は、かわいい系の女性をうらやましがり、かわいい系の女性は、美人系の女性をうらやましがります。

どちらもそれぞれの個性があり、男性から見たら甲乙つけがたいですし、そもそも好みの問題がありますので、いちいち敵視する必要はないのです。

「勝手な妄想」と「容姿コンプレックス」。

これが、女性の嫉妬心の原因です。ということは、対処法は簡単ですね。

まず、勝手な妄想をしないこと。人は、何もすることがないと余計なことを考えてしまいます。特に、夜になるとマイナスの感情が出やすくなるので、余計なことを考えるとよくない結果になりやすいのです。

そんな時間にこそ、自分を磨くこと。

好きな人を心配したり嫉妬したりするのは当たり前です。でも、嫉妬してばかりでマイナス感情でいたら、せっかく彼に好かれているかわいい顔がどんどん醜くなっていきます。嫉妬しているときに、自分の顔を鏡で見てみてください。

「さかのぼり嫉妬」も同じです。さかのぼり嫉妬とは、彼氏の過去の恋愛を見聞きして、それに嫉妬心を抱いてしまうこと。みなさんも経験があるはずです。

でも、過去の恋愛は人生の彩りです。過去の恋愛を経たからこその、今の彼でもあるのです。

彼の記憶の中の元カノは、あなたの闘う相手ではありません。

過去や他の女性を見て嫉妬するよりも、彼が惹かれてくれた部分に自信を持ち、もっと自分を磨くことに時間を費やしましょう。

どうしても嫉妬の感情から抜け出せないときに、あなたを助けてくれる魔法の言葉があります。

「彼は私の●●を好きになってくれた」

こうして改めて考えて言葉に出してみると、不思議と心が穏やかになってきます。

そう、彼が好きなのは、他の誰でもなく、あなたです。

今、彼が彼女として選んでいるのは、あなたです。

今の恋を大切に育んでいきましょう。


彼のことが好きだからこそ、誰かにとられたくないと思って嫉妬してしまう。

それは、当然のことです。

だったら、その当然の心理を逆手にとって、彼を信じることや自分磨きに進化させましょう。

嫉妬を上手に処理できる女性に成長したら、彼はもっとあなたを好きになり、手放したくなくなりますよ。

Lesson Point

「いい女」は嫉妬を上手に自分磨きに進化させる。

14 恋をすると自分の本性がわかる

恋愛（結婚につながるつながらない関係なく）とは自分を知り、発見していくことです。相手の興味があることを共有することによって、自分の世界を2倍に広げてくれます。

恋愛関係とは、相手を思いやることと、好きな気持ちをぶつけることの2つの要素がバランスよく保たれないと継続できません。

好きという気持ちは「本能」。
思いやる気持ちは「自制」。

でも、自分しか愛せない人は、意外と多いですよね。

たとえば、とりあえず彼氏をつくって、男性をとっかえひっかえしている女性は相手が好きなのではなく、自分が好きなのです。

「男なんて！」とか「彼氏なんていらない」という女性も、とっかえひっかえしている女性と根本は一緒です。

どちらも自分を大切にしていない行為ですから、これが続くと、おそらく自分のことも好きでなくなってしまいます。

こうして**恋愛感度を鈍らせていると、本当に好きな人が現れたときに反応できず、せっかくの本気の恋のチャンスを見て見ぬふりをして逃してしまう**かもしれません。

人間であるかぎり、本音や下心があるのは当然で、恋愛していると自分の中からそれがダダ漏れしますよね？

自分の喜怒哀楽の感情や嫉妬深さ、コンプレックスなどが見える化します。

つまり、恋をすると自分の本性がよくわかるのです。

片思いでも、どうやって相手に振り向いてもらうかをさぐっていく作業自体が、自分を知ることにつながっていきます。

誰かを好きになることで、新たな自分が発見できて、自分が変わっていくことを楽しむことができます。

恋愛感度のアンテナは、いつも立たせておきましょう。

Lesson Point

誰かを好きになることは、新しい自分に出会うこと。

15 すべては自分に返ってくる

質問です。

キンキンに冷えたビールと、常温のぬるいビールがあります。
あなたは、冷たいビールと生ぬるいビールのどちらを美味しいと思って選ぶでしょうか？

答えは決まっていますよね？
大多数の方が冷たいビールを飲みたいはず。

では、次の質問です。

そのビールを誰と飲むと、より美味しく飲めるでしょうか？
気心の知れた友人、それとも恋人…？

最後の質問です。

気心の知れた友人と生ぬるいビールを飲むのと、嫌いな人と冷えたビールを飲むのと、どちらが美味しく飲めるでしょうか？

…悩むでしょう？　この質問。

いろんな考えがあると思いますが、人の心は味覚も凌駕するということですよね。
ビールの美味しさは、冷えている・冷えていないはサブ的要因で、飲む状況が重要なのです。
生ぬるいビールは美味しくないですが、気の合う友人とバーベキューしながら飲むのはぬるさより楽しさが勝って、美味しい感じがしちゃう。

キンキンに冷えたビールは美味しいはずですが、嫌いな人、苦手な人とのお付き合いなどの宴席の場では緊張感のほうが勝って、イマイチ味を楽しめない。


これは、美味しいビールを飲むために好きな人とだけ付き合いなさい、と結論づける話ではありません。

人に対する思いは必ず返ってきます。

「この人と飲むビールは美味しくない」と、あなたも思われているかもしれないのです。


「あなたと一緒にいると楽しい」

そう言われて、嫌な人なんていませんよね。好きな人を増やすと、その嬉しい思いをたくさん感じることができます。

恋愛や婚活においても同じです。

好きな人（恋愛感情でなくても）をたくさんつくったほうが早く結果が出ます。自分の心のキャパシティを広げると、それと比例して出会いも広がるからです。自ら美味しいビールを飲める相手をたくさんつくる努力をしましょう。そして、誰と一緒にいても幸せを与えられるような女性を目指しましょう。

人と人とのつながりは、心と心のつながり。すべては自分からはじまっているのです。自分が変われば、すべてが変わります。

Lesson Point

好きな人をたくさんつくると、出会いもどんどん広がる。

16 自分以外の人は、自分の投影

心理学では、「投影」という現象があります。

投影とは、私たちは目に映るものを「自分の感情」というフィルターを通して見ているということ。

この現象を知ってしまうと、どんなに理不尽なことがあっても惑わされることなく、とても心穏やかに過ごせるはずです。

たとえば、「彼氏ができた！」と親友から報告を受けたとき、自分の心のコンディションがよければ「わ〜、おめでとう！」と心から喜んであげられるけれど、自分が落ち込んでいたりすると、「あなただけ、ずるい」と思ってしまったりすることはありませんか？

また、自分が彼氏とうまくいっていないとき、仲のいいカップルが周りにいるのが目について、「もう、なんでよ！」と感じてしまったり。

これは、「彼氏と仲良くしたい！」という気持ちが投影されて、無意識のうちに仲のいいカップルに視線が向いているだけで、実はいつもと変わらない光景だったりします。

人（特に女性）はさまざまな物事を客観的ではなく、主観というフィルターを通して認識しています。自分の心の中にあるものを、相手に映し出して見たり感じたりしてしまうのです。

この**自分の心の中にあるものを、相手に映し出して見てしまうことが「投影」**です。

あなたが「自分は周りの人に嫌われているのではないか？」と思ってしまうとして、その気持ちを投影の心理を使って考えてみると、なぜか人に嫌われていると思ってしまうのは、自分が自分のことを嫌っているせいだと考えることができます。

つまり、なぜか人に嫌われていると感じる人は、自分に自信がなかったり、気になっている欠点があったりするからです。その感情が周りの人に投影されて、本当は嫌われていないのに、自分で勝手に「嫌われている」と感じてしまっているのです。

このように、人は本当はそうでないものが、あたかもそうであるかのように見えてしまうことがとても多いのです。

これまで「○○のせい」「○○が悪い」と、相手のせい、環境のせい、親のせい、仕事のせいにしていたことを振り返ってみると、あなたにも落ち度はありませんでしたか？

自分以外の人は自分の投影だと考えられるようになると、誰に対しても、何事に対してもニュートラルな気持ちで接することができるようになりますよ。

Lesson Point

相手が言うこと、感じることは、あなた自身の問題かも。

17 年を重ねて素敵に輝く人は何が違う？

「もっと魅力的になりたい！」

女性なら誰しも思うことですね。
女性としての魅力を考えるときに、年齢は関係ありません。20代だろうが、40代だろうが、60代だろうが、魅力的な女性であるためには、外見も内面も日々ブラッシュアップしていくことが大切です。

実際に、私の周りにいる魅力的だと感じる女性は、みんな努力家です。
普段からジムに行ったりウォーキングをしたり、オリジナルの健康法や美容法があったりと、年齢を重ねても美を追求する気持ちを忘れません。

背筋がピンとして姿勢がよく、凛としたたたずまいから気品に溢れ、喜怒哀楽の感情がちゃんと表情豊かに出ています。

妻になっても、母になっても、キレイになるための努力をして、いつまでも1人の女性として成長するために心をしなやかに鍛えているようです。

そんなキラキラ輝いている魅力的な女性たちを見ていると、5つの共通点があることに気づきました。

①知的好奇心を満たすための努力をしている → いろんなことに興味を持っているから行動的で勉強家。

②自分の年齢にふさわしいファッションを楽しんでいる → 若づくりではなく、自分を一番魅力的に見せることができるファッションや髪型を知っている。イタイ人に見られない。

③愛嬌がある → 年を重ねた分だけ、笑顔からにじみ出る余裕と高いコミュニケーションスキルを持っている。

④**自分の軸（信念）を持っている**→豊富な人生経験で得た確固たる自信が行動からにじみ出ている。

⑤**過去を振り返らず、今を生きている**→過去の数々の失敗の経験を糧にして、今を生きることに集中している。

人間の外見と内面は一致します。

その人の生き方そのものが年齢なのです。

同じ年でも輝いて見える人とそうでない人というのは、女性として、という以上に人間的魅力の差がそのように現れるのです。

Lesson Point

5年後、10年後、あなたはどんな女性になりたいですか？

18

バージンは宝物

ドラマ化もされてベストセラーになっている藤村真理さんのマンガ『きょうは会社休みます。』（集英社）、読まれた方も多いのではないでしょうか？

主人公の花笑さんは33歳のＯＬで、彼氏いない歴＆処女歴33年です。

実は、この花笑さんだけでなく、30代、40代のバージン率はかなり高いのです。私の印象で言うと、恋愛・婚活相談を受けた人の半数近くがバージンです。

今さら周りにも言えず、「なんとなく雰囲気は知っているので経験のあるふりをしているけれど、もう疲れた」という切ない女性がたくさんいるのです。

そういう人は、一見しっかり者に見えるタイプが多いので、友達の恋愛相談をたくさん受けたりします。でも実際は経験がないので、ドラマや映画、雑誌などで見た情報を使って答えていて、「それも心苦しい」と負担に感じていたりします。

でも、落ち込まないでください。心配する必要もありません。

私はそういう女性には、「それは宝物だね」と言っています。


男性が結婚相手に求める条件の中で、〝処女性〟というのは大きなポイントです（これについては、次の章で詳しく説明します）。


「経験がない」ということは、男性から見れば〝貞操観念が強い〟ということ。

それは結婚相手として見たときに大きな魅力になります。顔が美人でスタイルもいい女性だとしても、男性経験が豊富な女性は、「妻にしたい女性」にはなりません。

バージンだという事実は、男性は喜びこそすれ嫌がることではないのです。ですから、自分を卑下することはありません。

Lesson point

婚活において〝処女性〟は大きな武器。

19 アラフォー世代の結婚の意外な壁

「彼にプロポーズされた！」

こんなに嬉しいことはありませんね。まさに幸せの絶頂期！　あとは結婚式へ向けて突っ走るのみです。

…しかし、意外にネックになるのが、実は親の存在です。これは特にアラフォー世代の女性に多いのですが、具体的に結婚式の話が進んでいたのに、最後の最後で親の反対にあってまとまらない、最悪は破談になってしまったという例は決して少なくありません。

なぜなら、女性は育ってくる過程で「**親に祝福される結婚でないと、幸せになれな**

い」という刷り込みをされているからです。

だから「親に反対されない人でないと」「親も喜ぶ相手でないと」というようなことが頭の片隅にあります。

これは特に、現在35歳より上の年代の女性に強い傾向で、20代の女性にはあまり見られません。


最近の20代から30代前半の親子関係は、そこまではっきりと上下関係の意識はありません。むしろ、「友達親子」というように関係性が並列に近くなっています。

ですから、子どもは「親のための結婚」ということは考えないし、親も「子どもが幸せならいいいんじゃない？」と考える傾向にあります。


ところが35歳より上の年代は、その親が、「子どもは親より下の存在」と親子関係を完全に上下関係だと思って育ててきた世代です。

ある程度の年齢まで親の言うことは絶対で、言うことを聞くのが当たり前だと育てられてきました。

ただでさえ婚活市場でかなり不利な条件の立場なのに、さらに「親がＯＫという相手」なんて縛りがついたら、ますます結婚が遠のいてしまいます。

結婚するのは他の誰でもないあなたです。もちろん、親が納得して、祝福される相手なら言うことはありませんが、いざとなったら、親を捨てる覚悟も必要です。

もし親と同居をしているなら、１人暮らしをはじめてみるなど、まずは物理的に距離を置いてみましょう。すぐに親が介入できない状態をつくることが大切です。

Lesson Point

結婚するのは親ではなくあなた。自分の幸せを最優先して。

Chapter 2

思いのままに恋が叶う!

異性間
コミュニケーションレッスン

愛情には1つの法則しかない。
それは愛する人を幸福にすることだ。
スタンダール

20 幸せな男女関係を築くための基本

「どうしてわかってくれないの？」

男女関係において、女性の心理をすべて物語っている言葉ではないでしょうか？
性別の違いを理解して認め合えば、この「どうしてわかってくれないの？」というストレスがどんどん減っていき、恋愛だけでなく、仕事も人間関係も円滑になり、毎日を楽しく過ごせます。

恋のほとんどが切ない痛み。
でも、片思いの相手に思いが通じたときのあの高揚感は、どんな成功体験よりも甘く、心躍るものです。

だから、私たちは恋をやめられない。

恋愛相性が合う相手との恋は、お互いを成長させ、結婚に発展しやすい。でも、恋愛相性が悪い相手との恋は、お互いに傷つけ合うばかりになりやすい。

あなたは、自分が求める恋愛の形を把握していますか？

燃え尽きるような激しい恋か。
ゆったりと癒やされる穏やかな恋か。
精神的な愛を求めるのか。
肉体的な愛を求めるのか。

あなたが求める恋愛の形を相手も求めていますか？

自分が好きになった人が、どんな恋愛関係を求めているかを知らなければ、なかな

か発展しません。

あらゆる人間関係で最も難しいのが恋愛関係なのです。

この難しい問題に何の準備もしないでいきなり飛び込むからケガをするの。恋愛は特に女性が傷つくことが多いもの。だから男女関係のしくみを知ってほしいのです。

この章では、思いのままに恋を叶えるためにとても重要な、私が開発した「異性間コミュニケーション」からアプローチする方法をお教えします。この世に男と女がいるかぎり必要とされる知識です。

私の異性間コミュニケーションは、女性が「男ってかわいい」と男性を受け入れ、男性が「女って素晴らしい」と女性を認めることを最終的な着地点にしています。

男性と女性は絶対に差別してはいけませんが、体つきの違いや気質の違いから、区別はするべきだと思います。

そして、忘れてはいけないことは、私たちは人間という動物であること。

男と女は、雄（オス）と雌（メス）であること。
つまり、備わった本能を無視しないことです。

そもそも、コミュニケーションギャップは、「相手も自分と同じように考えているに違いない」という前提から生まれます。

これらを踏まえて、男性と女性の役割の違いを認識し、自分の人生に与えられた使命をまっとうしていけたら、男女がお互いを大切にし、協力し合えるようになります。

それでは、さっそく一緒にレッスンをはじめましょう！

Lesson Point

男女の違いを理解することから、幸せな恋愛への一歩が踏み出せる。

21 男が女に求めていること

男性は「俺って、すげぇ」という感覚を常に感じたい生き物です。

仕事でも、女性と一緒にいるときも、そう思える瞬間をいつも求めています。ですから、そう感じさせてくれる女性と出会うと、「また会いたい」「一緒にいたい」と思います。

自分の存在の影響力を感じることができる相手に、男性は心地よさを感じ、その心地よさを与えられる女性が、男性の心を捉えて長く愛されるのです。

つまり、彼女という「鏡」に、「すげぇ俺」が映っている状態です。

自分を素敵に見せることも大事ですが、彼の自信や魅力を、あなたが鏡になって映し出してあげることのほうが恋愛はうまくいくのです。

男性は自分が言ったこと、行ったことに対して、彼女がどんな反応をするのかを見たいのです。だから、「**リアクションのいい女性**」が大好きです。

たとえば、彼が面白いことを言うときは、「笑ってほしい」と期待していますよね。一緒に道を歩いていて彼が車道側を歩いてくれる、レストランでテーブルの奥の席に座らせてくれる、このレディファーストの振る舞いも意味があります。「女性を大切に扱える俺」を彼女に示したくて行動しているのです。

このように、男性の行動にはすべて意味があり、存在の影響力を求めているので、リアクションのいい女性が好きなのです。

彼の小さな行動を見逃さず、受け止めてリアクションしていくことで、「彼女と一緒にいると心地いい」と感じてもらえるはずです。

そして、リアクションすればするほど、彼があなたを喜ばせようとする行動は、どんどん増えていくはずです。

「今、かわいいって思われたかな？」
「気が利くって思われたかな？」

あなたはそんなことは気にしなくていいの。彼と一緒にいられることを心から楽しんで、彼のかっこよさを鏡のように映し出すことを心がけてください。

それが、うまくいく恋愛の基本中の基本です。

Lesson Point

あなたが鏡を見るよりも、鏡になって彼の魅力を映し出すこと。

22
男が100年の恋も冷めるとき

ある日突然、彼から別れを切り出されたり、会話の途中で不機嫌になったりして、「わけがわからない」となってしまったことはありませんか?

男と女はもともと真逆に近い思考回路の違いがあるので、異性間コミュニケーション的にもとても難しいものと考えます。

でも、ちょっと気をつけるだけで、それを回避できます。


定説ですが、男性は社会的な生き物、女性は存在的な生き物と言われています。

男性は、体の中が空っぽな、何も持っていない状態で社会という場所に出て、お金・地位・名誉などのさまざまなものを身につけ、自信をつけていきます。つまり、第三者からの評価に重きを置きます。

だからダメ出しに弱く、プライドを傷つけられたり、自分の行動を否定されたり批判されることで大きなダメージを受けます。「**ありのままの自分を100%受け入れてほしい**」と考えているのが男性なんです。

それと並行して、彼らが言われると特に傷つく言葉が3つあります。

1つ目は、**自分ではどうにもできない点を指摘されること**。

たとえば、「チビ」「ハゲ」などの身体的なことです。「デブ」という言葉もありますが、「デブ」はまだ「痩せればいい」という手段があるので、そこまで致命的ではありません。

2つ目は、**会社での昇進や年収に関わること**。

どちらも本人の努力も関係するとしても、最終的に第三者が選ぶ・決めるという点で、本人の力だけではどうにもできないことだからです。

そういう点を、「同期の〇〇君は××長になったんだって」などと比較されると、彼の心が一気に離れるきっかけになります。

そして3つ目は、**家族の悪口**。これは、傷つくというより怒りを覚えます。また、特に家族でなくても、いつも愚痴のように他人の悪口ばかり言う女性は、「悪口ばかり言い回っているのでは」と彼に敬遠されてしまいます。

だから、**「いいな」と思う男性がいたら、とにかく彼の言うことを批判したり、ダメ出しをしないこと**。

20歳から37歳までの男女1400名を対象にした「交際相手に傷つけられた言葉」に関するアンケート（アニヴェルセル総研調査より）では、次のような結果になっています。

【男性が傷つけられた言葉】

1位　うざい、顔も見たくない
2位　一緒にいても面白くない
3位　好きだけど別れよう
4位　大事にされていない・優しさが足りない

5位　男としてありえない

【女性が傷つけられた言葉】

1位　容姿が悪い、太ってる、痩せたら？
2位　将来が考えられない、結婚が考えられない
3位　嫌いになっちゃった・好きじゃなくなった
4位　一緒にいても楽しくない、合わない
5位　もういいよ、勝手にすれば

このように、男性側は存在価値を否定する言葉が並んでいます。一方女性は、男性に比べて自己肯定感が低いので、自分の存在そのものを否定されること、特に消される（無視される）という言葉にとても傷つきます。

男女の違いが顕著に表れましたね。

さらにわかりやすい例で言うと、男性は社会的地位が消える、お金がなくなるなど、力を奪われるような出来事が自殺する要因になりますが、女性はそういうことでは自

殺しません。人間関係が要因になり、「彼氏にフラれた」という出来事が、十分自殺の要因になります。

ウィークポイントや考え方が、男女でまったく異なるのです。だから、男と女はそもそも考え方が違うんだということを理解して、お互いに弱いところを攻撃しないこと。女性は不思議なことに、ピンポイントで男性の弱点を見抜いてしまう傾向にあります。特に、特別な関係の男性（恋人、夫、息子）を鼓舞するつもりでダメ出しをしたり、軽い気持ちで言ったりしたとしても、男性の受けるダメージは女性が思うより大きく、あなたに対して気持ちが冷めてしまいます。

彼の言動はすべて肯定すること。

それだけで、「自分を受け入れてくれている」と好印象を与えられます。

Lesson Point

ダメ出しは男性をダメにする。ありのままの彼を100%受け入れて。

23 男をやる気にさせる魔法の言葉

結婚が決まるまでは、ターゲットの男性だけでなく、すべての男性に目を向けましょう。

人間関係を広げる秘訣は「芋づる式」です。1人との出会いを決しておろそかにしないこと。

しかし、いい男だけをひいきしていると、周囲にはすぐにわかります。そこから悪評が立ってしまうとやっかいです。どのみち味方は大勢つくっておいたほうが得です。そこから別の男性を紹介してもらうチャンスも増えますから。

出会いの場では、すべての男性を分け隔てなく褒めてあげること。

キーワードは、褒め言葉の「さしすせそ」。聞いたことがある人もいるでしょう。

褒めるのが苦手な人でも、このフレーズなら簡単に暗記して使えます。

・さ　↓　最高！　さすが！　さえてるね！
・し　↓　信頼してる！　信じてる！　知らなかった！
・す　↓　すごい！　素晴らしい！　素敵！
・せ　↓　世界一！　成功だね！　絶対大丈夫！
・そ　↓　尊敬します！　そのとおり！　そうだね！

この中でも最も威力が強いとされる「すごい！」は、一番効果的で使いやすい褒め言葉です。特に、「すっご〜い！」と「ご」と「い」の間隔を伸ばしたり、「さっすがぁ」など、語間に跳ねる音を入れたりしながら感情を込めて言うと、よりよい印象になります。

さらに、この褒め言葉で男性心理に好循環を生み出すことができます。

【褒められる→人に認められる→期待に応えたい→やる気が出る！】

男性にとって〝褒められる〟ということは、他の男性より認められている、優れているという自信になります。すると、その期待に応えたいというやる気につながるのです。

このように、モテ上手の女性は、意識的にせよ無意識的にせよ、うまく持ち上げてその気にさせ、ターゲットの男性に「服従」のサインを送っています（この服従の意味については次の項でご説明しますね）。

すると、そのターゲットの男性の意思とは関係なく、「強制的に」恋愛関係を発生させることができるのです。

Lesson Point

褒め言葉の「さしすせそ」を使うだけで、男性とみるみる親しくなれる。

24 結婚において「男は支配」「女は服従」

みなさん、支配者と服従者って、どちらのほうが立場が強いと思いますか?

こう聞くとたいてい「支配者」と答えますが、実は服従者のほうが立場が強いんです。なぜでしょう?

たとえば、国を治める支配者として、国王がいます。でも、もし民が1人もいなければ、支配することはできません。逆に、国王がいなくても、民だけがいる場合は存続していくことはできます。

服従してくれる人がいなければ、支配者は成り立たないのです。

大昔から「結婚」の大きな目的の1つには、子孫を残すことがあります。そこに置き換えてみると、「服従者としてのメス」がいなければオスは種をつなげません。
だからオス（支配者）は、メスが安全に子どもを産める環境をつくり上げなければいけない。そのために、食べ物をとってくる、安全な家を建てるなどの仕事をするわけです。

言い方を換えれば、支配者である男性は、服従者である女性を「守る」という立場になること。そして女性はそれをただ享受するのではなく、男性を「尊敬する」という立場であること。

これが「結婚」のごく自然な形なのです。

これを、「男尊女卑だ」「時代が違う、考え方が古い」と思われてしまうと、ちょっと違います。

なぜなら（恋愛は少し違いますが）「結婚」とは、1万年前から続く「古典的なシステム」だからです。

従って「結婚」を目指すなら、恋愛をする中で、あなたの恋愛スタイルもまた古典的である必要があります。

最近は社会でも全体に女性のほうが強かったり、女性の社長や役職に就いている人が増え、男性の部下がいるケースも多いと思います。私自身も社長であり、部下はすべて男性です。動物として見ると、支配する構図が逆転している状態です。

しかしそういう場合でも、**男性は強くてたくましいもの、女性は弱くて慈しむもの**だという認識が根底にあると、関係性はうまくいきやすいのです。

それに、よく考えてみてもらえば、この形で尽くしているのって、男性のほうですよね。女性は「守っていいですよ」という許可を出している立場です。

男性は許可を出してもらった女性に、「守る」という行動で尽くしているのです。すべての男性、いや生き物のオスは、「支配者」のセルフイメージに依存して生きています。さきほどお伝えした自分の存在の影響力を感じたいというのも、その1つなのです。

女性は男性を「尊敬」してお付き合いするべきですが、「尊敬」は必ずしも行動をともなわなければいけないものではなく、気持ち、あり方です。

そこで、女性（メス）がオスの持つ支配者というセルフイメージを逆用する方法として編み出したのが、「服従のサインを送ること」です。

これが、前項でご紹介した褒めるという行為にあたり、このサインによって「支配をさせておいて、女性が思ったとおりに動いてくれる」という男女のしくみが成立するのです。

男性（オス）は常に支配的個体になりたがっているので、女性（メス）がより従順であればあるほど離れられなくなってしまい依存します。

尽くすのは、男の役目。

そう考えると、支配者、服従者の見方が変わりませんか？

Lesson Point

結婚は昔も今も古典的なシステム。「賢い服従者」になりましょう。

25 恋の主導権を握れる女性の秘密

愛され続ける女性の秘密って、何だと思いますか？

美人だから、若いからなどの外見の魅力も重要ではありますが、見た目のかわいらしさは意外に儚いもの。

もちろん、素敵な男性に愛されるために女性として美しくある努力は必要です。でも、それだけではない「何か」が本命彼女には備わっているのです。

魅力的な男性をパートナーに持つ女性に共通するのが、**「褒める」「立てる」「甘え上手」**、この3つです。

でも実際、頭のいい男性は、気を引くためだけの小手先の技をすぐに見抜きます。

また、褒めたり、立てたり、いい気分にさせることができたとしても、パートナーとして本音を言い合えなければ、いい関係は築けません。一方的に甘えられても、彼にとっては重荷になることだってあるでしょう。

賢い女性は、褒めたり、立てたり、甘えたりしながらも主導権を握るのです。

たとえば、デートや旅行の計画を立てるとき。「あなたと一緒に行きたいから、私を●●に連れて行ってね」という**お願いが上手にできる**こと。

「連れて行って当然」と一方的に頼るのではなく、逆に自分の希望を押しつけて勝手に相手を振り回すのでもなく、「あなたが私を連れて行く」ことを自然に根回しできる強さと器用さを彼女たちは持っているのです。

人間はあっさり手に入るもののことはすぐに飽きたり、欲しかったことさえ忘れてしまいがちです。でも、欲しくて欲しくてやっと手に入ったものや、純粋な気持ちで努力した経験は簡単には忘れません。

同じ旅行でも、自分が彼女に仕方なく連れて行かれた旅行と、頑張って彼女を連れて行った旅行とでは、思い出の価値さえ違ってくることがあります。

恋愛科学の権威で人類学者のヘレン・フィッシャー博士は、**恋愛関係を続けるために必要なのは、「愛情」「セックス」「愛着」**だとおっしゃっています。

「愛着」とは、その人との思い出や経験によって芽生えるもの。自分が彼女のために努力した経験や特別な思い出。

純粋な気持ちで彼女のために頑張った自分の記憶を大事にしたいのが、男性の恋の醍醐味なのです。

そんな特別な思いを抱かせてくれる女性こそ、本命彼女として愛され続けるのです。

Lesson Point

「褒める」「立てる」「甘える」を上手に使って彼の心を満たす。

26

男が求めている「理想の結婚相手」

男女の関係の中で、「恋愛」では女性が主導権を持っています。

2人でどこへ出かけるか、何を食べるかなどのイベントの内容を決めるのはほとんどが女性ではありませんか?

しかし、それが「結婚」となると、主導権が男性に移るという逆転現象が起こります。

男性にとって「恋愛」はとてもラクなことです。女性にとっては命がけの恋でも、男性にとっては「恋愛をただ楽しむ相手」なのです。

見た目に魅力的で、精神的に打ち解け合えて、肉体関係を持つことができる。

これが男性にとっての恋愛です。不倫も同じ感覚です。

ところが「結婚」となると話は別。

安心して家庭をまかせられる女性か？　信頼できる相手か？　など、結婚となると男性はかなり慎重になります。

男性にとって結婚相手とは、「家庭とお金を守ってくれる人」。

ですから、恋人時代のように、お互いが自由に時間やお金を使える環境ではなく、お互いに前向きに節度ある行動をすることが求められます。

そして「**癒やし**」です。男性はどんなときに癒やしてほしいのか、それは概して「疲れているとき・落ち込んでいるとき」です。それを察して癒やしてあげられる女性は結婚したいと思われます。

男性が求める癒やしとは、つまりストレスからの「解放」です。これが癒やしです。男性がしたいことをできる環境、望んでいることを言える環境をつくれるかどうか。「家庭」という癒やしの場所をつくる覚悟が必要なのです。結婚は「生活」です。

「楽しくて穏やかな家庭が築けそう」と思える女性こそ、男性にとっての理想の結婚

相手なのです。

特に嫉妬深い男性は魅力的な女性を警戒して（他の男性に声をかけられて浮気するかも!?　という心配）、あえて美人を選ばない傾向があるくらいです。

彼と結婚したいならば、一刻も早く恋愛相手から結婚相手にシフトチェンジしなければなりません。

だから、「結婚」を決める、最終決定権は男性が持っていると言えるのです。仮に女性からプロポーズしても関係ありません。結婚するかどうかの決定権は、男性にある。

そのことをしっかり覚えておきましょう。

Lesson Point

恋愛の主導権は女性でも、結婚の決定権は男性にある。

27 モテキは自分でつくれる

それまでファッションやヘアメイクに気をつかっていなかった女性が、きちんと気をつかい、しかも男性ウケのよい見た目に変えると、それだけで確実にモテます。

同じく、おしゃれだけれど、同性の共感を得る方向に走っていた女性が見た目を変えてもモテます。

それまでより男性に結婚相手として見られやすい状態になるわけですし、男性側の見る目が変わるからです。

だから、モテキは自分でつくろうと思えばすぐにつくれるのです。

ただし、注意したいのは、**モテキの間に親しくなった男性の中で、「結婚したい相手を絶対に選ぶ」と決めておくこと**。そして、結婚相手を探す期間を1年なら1年と、

婚活期間をきちんと決めておくこと。

なぜなら、それまでモテたことがなかった人が急にモテはじめると、当然嬉しくて楽しくなりますよね。すると、「次のパーティーに行けばもっといい人がいるかも?」と思い、欲張りになってしまうからです。その結果、あっという間に2年経ってしまった…なんてことに。

これは、もともと見た目が悪くない女性も陥りがちなことです。

恋愛相手としてモテていたいのならそれでもいいのですが、結婚したいのなら、自分が設定したゴールの期間内に出会った男性を、「結婚相手としてどうか」という観点できちんと見ること。

あなたが運命だと思う男性と結婚するために、モテキを上手に使いましょう。

Lesson Point

モテキだけで終わらないよう、まずはゴールを設定して。

28 出会いのチャンスを逃さない！婚活イベントのマナー

合コンはもちろん、友達同士のフラットな飲み会も含め、男女が集まる場所はすべてが出会いのチャンスです。

でも、結婚の意思がある人とだけ出会える！　これが婚活イベントに参加する一番のメリットです。どんなに素敵な人に出会ったとしても、その人に結婚の意思がなければ、結婚まで結びつくことは非常に難しくなります。

婚活イベントは、「結婚を目的とする異性が目の前に何十人もいる」という奇跡であり、大チャンスの場だと思ってください。

しかし、その全員とお話しする機会と、気にいった男性の連絡先を聞けるチャンスを活かすのは本人次第です！

ここでは、そんな一大イベントである婚活イベントで、出会いを逃さないためのマナーをご紹介しましょう。

①受付時間を厳守する

約束の時間に遅れないのは社会人としてのマナーです。これは婚活イベントにかぎらず、合コンや飲み会も同じ。主催者（幹事）側では、男女の人数差がつかないよう調整をしてくれているので、遅刻やドタキャンをすることで人数差が生まれ、会話ができず1人席で待つ人が出てくるかもしれません。**もし仕事などで遅れる場合には、早めに連絡をいれるようにしましょう。**

②一番大事なのは最初の挨拶と自己紹介

とにかく第一印象が重要です！　笑顔で挨拶と自己紹介をしましょう。「**明るい笑顔で大きな声で言う**」ことがポイントです。自己紹介のときには「素敵な人と出会いに来ました！」とはっきり言ったほうが好印象を与えられます。

③積極的に会話に参加する

せっかく参加したのですから、積極的に相手と話すよう心がけましょう。

お互いに出会いを望んで参加しているのです。出会いのチャンスを活かせるよう、イベント自体を楽しむ心の余裕を持って。婚活はサバイバルです。明るく積極的になった人が勝ちます。

婚活イベントにかぎらず、下を向いたままスマホをいじっていたり、暗い顔をして壁の華になっていたら、誰も声をかけてくれません。何のイベントでも、受け身でいるかぎりイベントは楽しめないし、出会いもありません。会話で困ったら褒め言葉の「さしすせそ」を使って！

「楽しませてちょうだい」ではなく、「楽しもう！」というポジティブな思考で参加するのが、イベントのお作法です。

④スタッフにも丁寧な対応をする

婚活イベントでは、何気ない行動や言動が見られているものです。異性の参加者にいくら優しく対応していても、**スタッフに横柄な態度をとっていては悪い印象を与え**

てしまいます。そういったときこそ、普段の様子が表れるものです。会場スタッフは、多くのカップルが成立するようさまざまな配慮をしてくれています。社会人として失礼のない態度で接するようにしましょう。

⑤やってはいけないＮＧ行動

・無表情で笑顔がない
・プロフィールをずっと見ながら話している
・壁の華になっていて受け身すぎる
・タブーな会話（政治、宗教など）を振る
・タバコを吸いに抜ける

⑥婚活イベントの後は…

婚活イベントで連絡先を交換した後は、本人たちの自由となります。もし相手が音信不通だったとしても、運営会社が相手に連絡をとったり、その理由を尋ねたりすることはできません。

もしかすると、忙しくて返信を忘れてしまったり、何かのトラブルで連絡が行き違っていたりする可能性もありますから、**「この前メールしたけれど、届いているかな？」と様子をうかがってみましょう。**

婚活イベントがきっかけで結婚した人はたくさんいます。今は日本全国、さまざまな場所で、土日にかぎらずいろいろな日程で開催されています。その中で素敵な人を見つけてカップルになり、デートを重ねて結婚まで進んだ人は、相当な数になるでしょう。

結婚したいと思ったら、婚活イベント！

まずは行動を起こしましょう。

Lesson Point

どれも基本的なこと。成否はあなたのポジティブな行動力次第。

29 デートでわかる運命の相手

デートがうまくいくか、ダメになるかは、簡単な心がまえで決まります。

女性は、「今日は自分が楽しもう！」と考えるだけでいいのです。

嘘ではありません。本当にこのように考えるだけでうまくいきます。

あなたはデートの前に、何を考えるでしょうか？

男性は自分が楽しもうと考える前に、彼女を楽しませる、喜ばせるにはどうしたらいいか？　ということを考えています。ですから、女性は彼に楽しんでもらおうと考えるのではなく、自分が楽しめばいいのです。

決して彼を楽しませようなんて思う必要はありません。

あなたがそれをしたところで、鈍感な男性は気がつかないし、敏感な男性は気がついてあなたを「都合のいい女」と考えるようになるかもしれません。

勘違いしてはいけないのは、自分勝手に振る舞うという意味ではありません。楽しもうとする意識が大事なのです。

無理に気取ったり、相手に気をつかって、いつまでも他人行儀のままだったりしないためにも、まず自分が楽しむことにフォーカスしましょう。

「今日は楽しかった!」、心からそう思えるデートなら、あなたと彼の相性はピッタリです。彼ならきっと一緒に過ごして楽しい人になれるでしょう。

もし、自分が楽しもうと思っていたのに楽しめなかったら、彼との相性が悪いのです。だってあなたは、自分が楽しむことしか考えていなかったのに、自分さえ楽しめなかったのですから。

Lesson Point

デートで思いきり楽しむことができたなら、運命の相手かも。

30 結婚に必要な3つのこと

お付き合いがスタートし、結婚を考えたときに、「この人は本当に結婚相手として私に合っているのかしら？」という決め手を、どこで見極めればいいのでしょう。

迷ったら、次の３つをチェックしてください。

これは、自分の経験やこれまで１０００組以上のカップルを結婚にみちびいてきて、「結婚するのに必要なのはこの３つのすり合わせ」だと確信を持っているポイントです。

①食（味覚）
②お金に対する価値観
③肌の触れ合い

この3つさえあなたと合っていれば、大丈夫です。結婚には、顔がいい・悪い、会社のステイタスなどは実際あまり関係ありません。

逆に、この中の1つでも妥協してしまうと、たいていは結婚してもすぐに別れてしまう原因になりやすいのです。

これらは、すべて交際中に確認できることですよね。

①の「食（味覚）」は、**食べ物や味の好みが同じかどうか**。あなたが美味しいと思うものを彼がまずいと感じたり、その逆だったら、長い間一緒に暮らしていけません。味覚のすり合わせは必要です。

デートのときには、できるだけいろいろなジャンルのお店を食べ歩いてみて、「美味しいね」という共通項がどのくらいあるかをさぐってみましょう。

一から十まで同じでなくてもかまいませんが、基本的な味の好みが合うかどうかは大切です。

究極は、お味噌汁とカレーライスの味覚がお互いに近ければ、たいてい大丈夫です。

男性は、実家のお味噌汁とカレーライスが大好きです。彼の実家の味を確認できるシチュエーションがあればいいですが、それが無理でも、あなたが彼に料理をつくってあげる場面があったら、その2品だけは一度はつくって、彼の味覚と合うのか、違ってもあなたの味も好きかどうかをチェックしてみましょう。

②の「お金に対する価値観」は、文字どおりですが、**お金に対しての価値観が近い人のほうが結婚はうまくいきます**。

節約や貯金が大好きなタイプの人が浪費家と結婚したら、絶対にうまくいきません。また、いわゆるギャンブル好きや、遊ぶ金欲しさで借金がある人などはもちろんです。

交際中に、彼の趣味が何か、何にお金をかける人なのかで、だいたいの傾向がわかると思います。あなたがそれに対して許容できるかどうかも、チェックの1つになります。

男性が「車が趣味です」と言った場合でも、ドライブしてあちこち出かけることなのか、車そのものを改造したりすることなのかで全然違います。

女性が「旅行が大好きです」と言っても、海外旅行なのか、温泉めぐりなのかでつかう金額が変わりますよね。

「音楽が好き」というときにも、ライブに頻繁に行くことなのか、オーディオセットなどの機材に凝っているのかなど。

お互いに、相手が趣味などにつかうお金の許容範囲が合うかどうかを、交際している間にチェックしましょう。

③の「肌の触れ合い」は、当然と言えば当然ですね。このポイントは、基本的に女性の側だけがジャッジすることです。

女性は、「はじめまして」と挨拶しただけで、その相手とどこまでいけるかが本能的にだいたいわかるものです。

「握手はできるな」「ハグされても大丈夫」「キスから最後までできるわ」など、**身体感覚としてOK・NGを判断する感覚が備わっています。**

よく聞く「生理的に無理」という言葉が浮かぶ場合は、NGが出ているということ。体が「この人の子どもは産みたくない」というふうに拒絶しているということです。だから、どんなにお金持ちの相手でも、イケメンでも、「絶対にこの人とは無理だわ」と感じる人とは、結婚はしないほうがいいということ。その本能には従いましょう。

これらの3つのことが合っていれば、他の細かい点では食い違うことがあっても、結婚してもうまく生活していけるでしょう。

Lesson Point

迷ったら「食・お金の価値観・肌の触れ合い」だけを思い出して。

31 男女の関係を円満にする3つの「カン」

恋愛でも結婚でも、男女間を円満にするには3つの「カン」が必要です。

①関心を持って（カンシン）
②干渉せず（カンショウ）
③感謝する（カンシャ）

たとえ結婚には至らなくても、恋愛は多くのことを学ぶことができます。

だめんずのような人と付き合って失敗しても、「そういう人を選んだ自分」を見つめる機会になりますし、人を見る目を養うチャンスだと思えばいいのです。

逆に経験豊富な人でも、恋愛する相手が替われば、そこからまた学べることがあるので、永遠に学びは続きます。「コミュニケーション」「ホスピタリティ」「センス」「マナー」……。

恋愛とは、「人と深く関わる」ことですから、人間について嫌でも学習します。

恋愛では「私の好きな気持ち」が暴走しがちなので、相手への「好きな気持ち」の押しつけが、自己満足の自己愛かもしれないことも多いのです。

なので、好きな人に理解してほしいことは、自分勝手なエゴにまみれていることが多く、自分ではそんなつもりはなくても、相手を傷つけてしまうことがよくあります。

そして、エゴが満たされない自分も相手から傷つけられたと思ってしまう。

恋愛も結婚も、いつでも相手が主体です。譲れない夢や目標などの人生設計はあっても、基本的には「相手の気持ちを大切にする」ことを考えて行動すること。

自分の都合だけで物事を進めれば相手の負担になり、その関係は崩壊します。

お互いが相手の気持ちを理解しようと努力し、尊重した行動を心がけることが大切です。

そして、お互いの存在に感謝して、幸せにしたいと思うこと。

つまり、お互いに関心を持って、干渉せず、感謝する。

この感覚があるかどうかが、「自己愛」と「純粋な愛」の大きな分かれ目になるのです。

Lesson Point

お互いが相手を尊重し、感謝して幸せにしたいと思うことが純粋な愛。

32 男はルールで動く

男性の恋愛の特徴でよく挙げられる「釣った魚に餌をやらない」状態で代表的なのが、メールや電話の回数が減るというもの。経験ありますよね？

男性は所有欲が強いので、彼女になったと思ったとたん、その状態が特別なことではなくなるからです。女性を1人キープできたことで安心し、ますます仕事や趣味など、他のことも楽しみたくなるのが男性です。

つまり、恋愛をしているときに「男性がだんだんメールをくれなくなった」としたら、私との恋人関係を楽しんでいるんだと思ってください。

でも、やっぱりそれでは寂しいですよね。そんなときはメールや電話のルールを設けましょう。

「1日1回、必ずメールする」などです。

男性は感情で行動することが難しく、ルールやしくみで動くので、恋愛もある程度ルール化されていると付き合いが継続しやすくなります。

そもそも恋人にするメールや電話は、中身のある話があるわけではなく、愛情確認のようなもの。感情で行動しない男性は、中身のない連絡にそもそも対応しにくいのです。

でも、「メールがないと寂しい」ことを伝えてルールを決めて対策しておけば、それで関係が悪化することは回避できます。

恋愛はお互いの努力によって関係が続きます。親子、兄弟の関係は何も努力しなくても関係性は続きますが、恋愛はそうはいきません。

男女の仲は、いろんな人間関係の中で、最も儚く壊れやすい関係です。

たとえば1カ月音信不通（電話やメールを一切しない）で放っておいたら、簡単に関係が壊れてしまいます。友人とは1カ月後に再会しても「久しぶり～♪」となりますが、恋愛関係だった場合はそうはいかないはずです。

何もしないでいると簡単に壊れてしまうのが恋愛関係。

惹きつける力も強いけれど、引き剝がす力も強い。

結婚すれば少しはマシになりますが、それもお互いに誠実でなければ、すぐに壊れます。


男女の仲は、儚く壊れやすい。

この前提を知っておくだけで、相手を大切にすることを意識した心地よい関係が築けます。

基本的に男性は女性から好かれること、モテることは嬉しいので、女性からメールをもらうことは好きです。ただ、**返事を強制されたくない**だけ。

だから、あなたは彼にメールの返事を強制しないで、自分が寂しくない程度のルールを設けてコミュニケーションを楽しみましょう。

Lesson Point

お互いに心地よいルールをつくってコミュニケーションを楽しもう。

33 曖昧な返事をする男の心理

男性に告白をしても、すぐにはっきりした返事をしてくれない、「YES」とも「NO」ともとれる曖昧な返事をされた。

こんな経験はありませんか？

女性の場合は、好きではない男性に告白された場合、はっきりと答えを出すことが多いはずです。付き合えるなら「付き合いましょう」、友達としてなら「今までどおり友達で」と、きっぱり結論を出すのが女性。

それに比べると、男性は曖昧な返事をする人が多いです。

これは男性心理と女性心理の違いで、**男性には自分に好意を持っている女性をでき**

るだけ曖昧な状態でキープしておきたいという心理があるから。特に肉体関係を持っていたり、男性に他に本命がいるときなどはその傾向が強いようです。

男性が他の女性（本命）を追いかけているタイミングで告白したら、曖昧な返事率が高くなります。本当にきっぱり断るのは、その相手が嫌いな場合で、好きでも嫌いでもないくらいだと断りづらいという心理が働くようです。

告白するときはタイミングが大事ということですね。

男性にとって、女性に告白される、好意を持たれるということは、自分が大勢の中から選ばれた人間なのだというプライドが満足する出来事です。

なので、きっぱり断らずに、なんとなく告白の返事を曖昧にしておくことで、相手は自分のことをまだ思ってくれていることを、できるだけ長く楽しみたいのです。

あわよくば、その女性をセフレ（肉体関係のみの付き合い）にしたい意識がある場合もあります。そんなの嫌ですよね。

もし、あなたが男性に告白して、はっきりと返事をもらえずに悩んでいるなら、しばらく連絡をとるのは控えましょう。

あなたと付き合いたいと思っていた男性だったら、ちゃんと連絡をしてくるはずです。あなたの大切さに気がついて、関係を改めて考えるようになることもあるでしょう。


一方、あなたと付き合う気はないけれど、好かれている状況を楽しみたいだけの場合、残念ながら、彼から連絡してくることはありません。

でも、先に書いたとおり、セフレとして認識されている場合は、連絡をしてくることもあるので、きちんと見極めましょう。

どうせなら、誠実に対応してくれる男性を好きになって、幸せな恋をしましょうね。

Lesson Point

男性の曖昧な言動を見極めて、幸せな恋をつかもう。

34
こんなメールは男に嫌われる

メール、Facebookメッセージ、LINE。これらは、恋愛を育むのに有効なツールです。しかしながら、このツールのせいで心がモヤモヤ、イライラする女性も多いでしょう。

彼や気になる男性にこんなメール、送っていませんか？


「今、忙しいの？」

「今、何しているの？」

「なんでメールをくれないの？」

「次はいつ会える？」

これらは全部送っちゃNGメールです。

基本的に「?」で終わるメールは、本当に質問したいとき以外は避けましょう。相手に「返事の義務」の負荷を与えてしまいます。さきほどもお伝えしたとおり、男性は返事を強制されたくありません。

そして、よくあるのが「さぐりメール」。

健気とも言えますが、何か用事をつくることで好きな男性をおびき寄せて、デートしようとする女性。

男性は「○○の用事がある」と言われて呼び出されているのに、会ってみたら彼女はデートモードで○○の用事は会うための口実だった…。

そういった経験のある9割の男性は、「見え見えすぎるから本当は嫌なんだけど、一応、仕事などの用事を前提にしてくるから断りづらい」と、そんな女性の行動に困っています。

…はい、あなたの行動はバレバレなのです。

そんな面倒なことをするぐらいなら、

「今度一緒に食事しましょう」
「飲みに行きましょう」

とストレートに伝えましょう。

口実の用事を前面に出されて、時間をつくらされて行ってみたらデートだった…。
これは、男性としてはがっかりだし、イタイ女性として見られています。
なぜなら、**男性は自分が好意を持っている女性としかマンツーマンのデートをしたくない**からです。貴重な時間とお金をつかうデートの相手は、好意を持っている女性じゃないとムダだと考えるのが男性なのです。

好きな男性にメールするなら、

「今週末、デートしよう」

「来週、会いたいな」


これくらいストレートでOKです。そのほうが絶対にかわいい！

私もかつては、気になる男性に「さぐりメール」をした時代もありました。でもそれって、自分に自信がないから用事を口実にしないと会ってもらえないと思っていたのですね。

好きな人に会いたいときは、何の用事も口実にすることなく、ストレートに裏のないメッセージを送るのが一番です。

Lesson Point

無意味な「?」とさぐりメールは男性にとっての迷惑メール。

35 恋人が途切れない人の特徴

あなたの周りにいませんか？

恋人がずっと途切れない人。

離婚しても何回も結婚している人。

対して、恋人がずっといなくて一度も結婚していない人も、私の周りに多くいます。

恋人がいない人、結婚できない人は、そんな真逆の人生を歩む彼女たちをうらやむより、彼女たちから学ぶべきところを学ぶのが成功への近道です。

恋人がずっと途切れない人、何回も結婚している人の特徴は、彼氏や彼女持ちでも
「異性の友達とよく遊ぶ」ことです。

異性の友達が多い人は、付き合っているときや別れた直後の情報も、ほとんど周りに筒抜けになっていることが多いもの。

そういう情報を聞いていた人が、チャンス（別れ）があれば気になっていた人とお付き合いしたいと思うこともあるでしょう。

基本的に男女混合のグループで頻繁に飲み会をしたり遊ぶ人は、付き合いがいいので、そもそも縁を引き寄せる力があります。

こうして出会いの数を多くすれば、単純にそれだけで男女が結ばれる確率が高まります。

その際は、自分と気が合う人とどれだけ出会えるかが鍵になります。そのためには、**異性と遊ぶ場面も、自分の好きな環境であることが大事**です。

自分の好きなことに夢中になっていると、似た者同士が集まってくるし、自分好みのタイプの異性と知り合うことができるからです。

このように恋愛体質な人の特徴は、誰とでも仲良くできて行動的なところです。

八方美人だと周りからの批判や評価を気にして、行動を制限する必要はありません。

仕事にしても遊びにしても、本当に自分のしたいことをしていれば、その魅力に惹かれる異性は多いはず。

そこからチャンスをつかみましょう！

Lesson Point

八方美人上等。行動を制限しないのが出会いを広げるコツ。

36 男が思わず「かわいい!」と思う鉄板しぐさ

目をまっすぐ見る、相手が喜ぶ褒め言葉を使う、話題の選び方が上手、外見が若々しい、健康的なスタイル、連絡がマメ…。

目や表情、リアクションも含めて、モテる女性の秘訣は、それらしいしぐさや行動にあります。

実は男性は、2人で会話をしている場面でも、**女性の話している内容よりも、しぐさや表情など、目で見ている情報に気持ちの比重がいっている**ことが多いのです。

ですから、「何を話そう?」と悩むより、常に笑顔を絶やさず、女性らしいしぐさを意識するほうが、簡単に男心をつかめます。

誰にでも好印象を与えられる人は、そのちょっとしたしぐさや行動で、異性に「自分に気がある」と勘違いされやすいから恋のチャンスがゴロゴロしているのです。
さあ、あなたはどれくらい「モテしぐさ」ができていますか？
チェックしてみましょう！

【男性ウケする女性の鉄板しぐさ】

□①かわいい笑顔を見せてくれる
□②恥ずかしいとき、顔がポッと赤くなる
□③怒ったときに頬をふくらます
□④「どうしよう」というような困った表情で見つめる
□⑤下からのぞき込むように（上目づかいで）話しかける
□⑥身を乗り出してフンフンと話を聞く
□⑦幸せそうな顔をしてうたた寝する
□⑧サプライズしてあげたときに素直に無邪気に喜ぶ
□⑨不意打ちで抱きつかれるなど、じゃれてくる
□⑩「いいニオイがする」と顔の近くでニオイを嗅ぐ

□⑪酔うと肩に寄りかかってきたりする
□⑫一緒に歩いているときに腕をつかむ
□⑬誘ったら嬉しそうに「行く！」と答える
□⑭デートの別れ際に寂しい顔をする
□⑮デートに遅れたときに小走りで待ち合わせ場所に来る
□⑯デートでいつも楽しそうにしている

16項目のうち、あなたは何個チェックできましたか？
チェックできた数で、あなたのモテ度を測定できます。

5個以下……………もったいないモテない女子
6個以上10個以下……そこそこモテ女子
11個以上15個以下……ちやほやモテモテ女子
16個パーフェクト……モテすぎ女神女子

この他、私が考案した、体をくねらせる・腰を突き出す・ぴょんぴょん跳ねる・ちょこちょこ走る・髪をかき上げる・すねてプンプンする・恥じらう・頬杖をつく・手を合わせておねだりするなど、「モテしぐさ」だけを動きに取り入れた「**キュンキュンダンス**」というものがあります（笑）。

1曲踊るとかなりのエクササイズにもなり、かわいいしぐさも自然に身につけられますので、ぜひ一度トライしてみてください（「キュンキュンダンス」で検索）。

Lesson Point

恋のチャンスはあなたのしぐさや行動で引き寄せられる。

37
ギャップの魅力

提示された或る案に対して反対するとき、よく考え抜いたうえで確固とした根拠があって反対する人はごく少ない。

多くの人は、その案や意見が述べられたときの調子とか言い方、言った人の性格や雰囲気に対して反発の気分があるから、反対するのだ。

このことがわかれば、多くの人を味方にできる方法が何かがおのずと知れてくる。表現の方法、説得の仕方、物言いの工夫という技術的なものも確かにあるだろうけれども、それらの上には、技術では及ばないもの、つまり、意見を述べる人の性格や容姿、人柄、生活態度などがあるということだ。

フリードリヒ・ニーチェ『人間的な、あまりに人間的な』（新潮社）

ずっと性格が悪いと思っていた相手が、実は親切な人だったということを知ると戸惑いませんか？

それを知ってしまった後、人は、自分にとって都合のいい新しい解釈に塗り替えようとします。


そう、あの人はいい人だった。

今までの自分の解釈が間違っていたのだ。


このように、まるで振り子が極端から極端に振れるように、人間の心もあっという間に振れるものです。

このような心理効果を「ギャップ効果」と言います。


恋愛関係でも多いですよね。

いつも不機嫌で怒りん坊な男性が、捨て猫に餌をあげているのを見たら、なんとなくその男性に対する見方が変わり、「実はいい人だったんだ」と必要以上に評価が上がってしまいませんか？

逆に、優しくて真面目そうな印象の人が、たまたま誰かの悪口を言っているのを聞いたら、やはり、それまでの印象が大きく変わり「実は性格悪いんじゃない？」など、これまた必要以上に好感度が下がったりします。


でも、捨て猫に餌をやったり、誰かの悪口を言ったりといった行為は、人間ならそのときの気分次第で、誰がやっても不思議はないことですよね。

しかし「そういうことをやりそうにない人間」がそれをやると、その人間に対する見方が180度変わってしまうことがあるのです。

これがギャップ効果の恐ろしいところ。


人は自分にとって都合のいい解釈をする生き物。

人の心は振り子のように極端から極端へと振れるもの。


こういったギャップ効果の本質を理解していると、好きと嫌いの話が非常にわかりやすくなります。

・好きな人（素敵な人だと思っていた相手）にフラれた　↓　すごくムカつく！（傷ついた）

・昨日まで嫌いだった人に告白された　↓　意外といい人なのかも！（嬉しい）

いずれもギャップ効果によるものです。

告白の例は、恋愛心理学にある「好意の返報性」という誰かから好意を示されると、その人を好きになってしまう心理効果です。

愛が憎しみへと一瞬で変わるように、憎しみもまた、一瞬で愛へと変わるもの。

人の心は極端から極端へと変わりやすい性質があるため、こういったことは実際よく起きることです。

これを恋愛テクニックに落とすこともできます。

たとえば、毎日欠かさず彼にメールを送っていたのに、ある日突然やめてしまう。

すると、彼の中で「どうしたんだろう?」「何かあったのかな?」という心理が芽生えます。これまで当然のようにきていたメールがこなくなったことで、安心感が危機感に変わるのです。みなさんもきっとこういう経験はあるはず。

「好き→嫌い」の心境の変化だけは、できれば勘弁してほしいけれど、「嫌い→好き」のギャップ効果は、どんどん起こってほしいですよね。

そうなるためにも、冒頭でご紹介したニーチェの言葉にあった反対したくなる心理、「技術では及ばないもの、つまり、意見を述べる人の性格や容姿、人柄、生活態度などがあるということだ」

この部分に気をつけて、恋愛をしていきましょうね。

Lesson Point

人の心は振り子と同じ。ギャップ効果を使って意中の彼を攻略しよう。

38 「彼女にはしたくない」と思われてしまう女性とは？

私がレッスン生のみなさんに恋愛・婚活をするうえで、口酸っぱくお伝えしていることがあります。

男性を疑わないでください。
男性を値踏みしないでください。
男性に勝とうとしないでください。

男性が「この女性とは付き合えない」と思うきっかけになるのが、これらを感じたときです。その原因は3つあります。

①警戒心が強くマイナス思考

彼氏ができない女性は、無意識のうちに男性を遠ざける雰囲気を放っています。そもそも男性が苦手な場合は、警戒心から相手の欠点や短所を探すくせがついていることが多く、その心理が表情に表れます。眉間にしわが寄っていたり、不機嫌だと思われたりして、第一印象が悪くなります。

男性が話しかけやすい女性は、ちょっとスキがあって、朗らかに対応してくれそうな優しそうな女性です。

②高望みで打算的

計算高かったり、腹黒さが見えたとたん、男性は一瞬で引いてしまいます。婚活でうまくいかない女性で多いのが、理想が高すぎて会話も打算的になり、相手の条件面しか気にしていない人。

背が高くて優しくて、イケメンでお金持ちの人としか付き合わないと考えていると、その高飛車な態度に男性はまったく近寄ってきません。

高収入、好条件の男性と結婚できる女性は意外にも、無欲で節約志向、家庭的なタイプです。モテる女性は、本当は男性よりも仕事ができたり、物知りでも、知らないふりを演出して男性を立てるのが上手なのです。

③プライドが高い見栄っ張り

自尊心が高い強気な姉御タイプは、かわいさとは正反対の性質なので敬遠されます。特に仕事ができる女性は、そのモードのまま部下に指示を出すような口調や態度で男性の意見に反論したり、感情で言いくるめてしまったりする傾向にあります。すると男性は、この女性には太刀打ちできないと思ってしまいます。

ついつい男性に余計な一言を口走ってしまい、失敗する人は注意しましょう。

Lesson Point

恋愛は勝ち負けで決まるものではない。

39 男が食事に誘うとき

好意のある男性に食事に誘われると、思わずテンションが上がりますよね。

実は、男性と女性では「食事に誘う心理状態」はやや異なります。

食事というのはプライベートな空間。お互いにいろんなことを知るための絶好の機会です。


女性は、食事をしながらのおしゃべりが好きなので、「ちょっと面白そうだから、食事くらいOK♪」という軽い気持ちで受ける傾向がありますが、**男性は、何とも思っていない女性相手にプライベートな時間を使わない**ものです。

相手に対してちょっとでも（下心でも）好感を持っていないと食事に誘ったりしません。

それから男性は女性と食事に行った際、「食べ方」「振る舞い」「話題の質」「気配り」など、その女性の気質を細かくチェックしています。

なので、女性は好感を持っている男性と食事に行くときは、なるべく「女性らしい振る舞い」を心がけましょう。

ちなみに和食の作法はハードルが高いので、洋食からはじめるといいと思います。ワインなどは素直に「わからない」と相手にゆだねるのも大事。男性は頼りにされたうえに、知識も披露できて嬉しいものです。

そしてお会計の場面。男性が誘った場合は奢るのがマナーとは言われていますので、支払いをするのが基本ではあります。しかし、男性の経済状況が厳しい場合は、会計に負担を感じていることは理解しましょう。

奢ってもらって当然！　という態度は印象が悪くなります。ちゃんと支払う気持ちの姿勢だけでも示しましょう。そのうえで、ごちそうになったときは、満面の笑顔で「ありがとうございます！」「とても美味しかったです！」「ごちそうさまでした！」というお礼の気持ちを言葉で伝えることを忘れずに。

ちなみに相手の男性が既婚者だった場合、食事に誘うのは本当に仕事上で話したいことがあるか、または（仕事を口実に）下心があります。

なので、既婚男性があなたを誘って高級な食事を奢ることの先には、「男女の関係になるための経費」と考えていることもあることを知っておきましょう。

誘われた場合は、それを頭の片隅に入れておいて、自己責任で適切な対応をすることが必要です。

私はいつも婚活中の女性にこう言っています。

「**既婚男性と高級な食事はしないこと！**」

その軽率な振る舞いが婚期を延期させていることを自覚して、独身男性だけとデートするようにしましょうね。

Lesson Point

食事に誘われたなら脈アリ。女性らしい振る舞いを心がけて。

40 どんなときも恋愛・人間関係がうまくいく5つのヒント

私的な感覚での人間関係の好き嫌いが、私だけの問題ではなくなってしまった…。

その失敗が大きく響くこともあります。

みなさんもそんな経験はありませんか？

その失敗の理由は、**自分のキャラクターや影響力が強いことを自覚していなかったこと**にあります。

私自身、否応なく、自分の立場を自覚せざるをえなくなり、人間関係にはとても気をつかいます。異性間コミュニケーションを身につけてからは、だいぶ人間関係の摩擦は減りましたが、生きているかぎりまだまだ修業の身です。

特に女性の場合、ちょっと恋愛などプライベートでトラブルがあると、仕事に影響が出たり、すべてが崩れ落ちるように何事もうまくいかなくなってしまう人が多いです。

そんなときに、私自身が実践して、レッスン生にも教えているとっておきの恋愛・人間関係がうまくいく5つのヒントをご紹介します。

①善悪・好き嫌いの判断をしない

人に対して善悪や好き嫌いの判断をいちいち考えないこと。それを考えてしまうと人間関係でのトラブルが多くなり、孤立してしまったり、閉鎖的な人間関係しか築けなくなります。

善悪・好き嫌いの判断を脇に置いて、人の多様性を楽しむゆとりを持ちましょう。

②大好き、あるいは大嫌いになった最初の理由を思い出す

好きになりすぎるのも、嫌いになりすぎるのも、どちらもストレスが溜まることです。大好き、あるいは大嫌いになったもとの理由を、さかのぼって出会ったときから思い出すと、落ち着いて判断することができます。

③孤独を恐れない

孤独を恐れるあまり、付き合いたくない人間関係に依存していませんか？　前にもお話ししたとおり、特に女性は存在自体を否定されたり、無視されることを恐れます。しかし、孤独は自由であり、自己成長にとって不可欠なことです。自立へと向かうきっかけにもなります。

自分の人生の主役は自分です。自立してこそ、互いに尊重し合う望ましい関係を築くことができます。孤独を楽しむつもりで1人でいる時間を大切にし、有意義に過ごしましょう。

④目の前の人間関係から離れてみる

人間関係でトラブルが生じると、その相手との関係しか見えなくなり、常に悩み続けることになりがちです。それは人生でもったいない時間！

トラブルの相手のことばかり考えずに、その関係からいったん離れて、少し気持ちを休めることも問題を解決するきっかけになります。

⑤人間関係はいつか変わると信じる

「どうにもならない」とあきらめていた人間関係が、いつの間にか解決していたということもめずらしくありません。

今の人間関係はいつか変わると信じると同時に、急がず焦らず、関係の改善に向けて努力し続けることがなによりも大切です。

これであなたはどんなときも、ハッピーでポジティブな恋愛・人間関係を築いていけるはずです。

Lesson Point

視野を広げて、人の多様性を楽しむ心のゆとりを持ちましょう。

Chapter 3

男の視線を奪う！

自分史上最高の女《わたし》に魅せる方法

美しさは女性の「武器」であり、
装いは「知恵」であり、
謙虚さは「エレガント」である。
ココ・シャネル

41 男は目で恋をする

男性が最初に見る女性の部位はどこだと思いますか？

ズバリ、**顔です。男性は目で恋をします。**男性の性欲の8割は視覚情報で刺激されます。

だから一目惚れをすることが多いのは、実は女性より男性です。まだ見た目の情報のみで性格がわからないときでも、見た目が気にいれば、勝手に中身も「いい子に違いない」と「好き」の欲目で判断してしまうのです。

ですから、男性が女性を見るときの優先順位は、**「顔→肌→体型」**になります。

女性の場合は、一目惚れはほとんどしません。素性のわからない人に身をゆだねられないという身を守るセンサーが強く働くので、突然まったく知らないイケメンに告白されても、条件反射的に「ＮＯ」と言ってしまいます。つまり、ビジュアルよりも話し方や声など会話を重視して、トータルの雰囲気で判断しています。

重視している点が男と女では、そもそも違うんですね。

でも、中には「私は惚れっぽくて、イケメンに会うとすぐ一目惚れしちゃう」という方もいらっしゃいますよね。それは子宮がセクシャルに発情しているだけ。実際は一目惚れではありません。

これらを踏まえて、「これから本気で婚活をやるぞ！」という女性は、「顔↓肌↓体型」の順番で磨きをかけましょう。

「えっ、でも優先順位の一番が顔ってことは、結局もともと美人じゃなきゃダメってことじゃない？」とがっかりした方、先走ってはいけません。

たしかに、男性は本命であればあるほど、女性の「顔」を重視する傾向にあります。ただし、顔の好みにはかなり個人差があることも事実です。「アイドルグループの中で誰が一番かわいいか？」という定番のメンズトークになっても、３人集まればまず結論が一致することはありません。
つまり、**すべての男性が認める美女は存在しないのです！**

また、男性は女性よりフェチ要素が強いため、顔全体のつくりよりも、「唇の形が好き」「目が好き」「鼻が好き」など、パーツで好きになるということが多々あります。
仮に顔を無表情の静止画状態で切り取って見たときに、いわゆる美形ではなかったとしても、表情や体の動きも含めて、かわいく見えたり色気を感じさせることはたくさんあります。

だから、顔はもともとあるパーツで十分です。そのパーツをよりよく魅せるような、あなたに似合うメイクやヘアスタイルを追求しましょう。

Lesson Point

顔全体よりもチャームポイントのパーツで魅力を引き出して。

42 スタイルで寄ってくるタイプの男は変わる

男性は顔の好みは個人差がありますが、見た目や性格によって、好きなスタイルはだいたい決まっています。私は「スマートタイプ」「誠実タイプ」「クールタイプ」「情熱タイプ」「社交タイプ」と5つに分けています。

あなたが今気になっている男性、またはお付き合いしている彼がいるなら、相手はどのタイプか、また自分は相手好みの女性がどうか、当てはめながら読んでみるのもいいかもしれません。

①スマートタイプ（清潔で真面目）

自然な出会い方を望む真面目なサラリーマンに多い。女性のスタイルに大きなこだわりはありません。最も守備範囲が広く、極端な太りすぎや痩せすぎでなければＯＫ

です。このタイプほど、女性の「顔」を重視する傾向にあります。

②誠実タイプ（寛大で優しい）

結婚願望が強い公務員に多い。「小柄な女性」を好みます。彼らは男でありながら母性が強く、恋人に甘えてもらいたいという願望が強いので、小さいほうが好都合なのです。彼ら自身は、大柄な体型の持ち主が多く見られます。

③クールタイプ（静かで知的な雰囲気）

基本的に受け身のＩＴ系、芸術家に多い。「長身（美脚）の女性」を好みます。成熟・自立した大人の女性に惹かれる傾向があり、若いうちはだいたい姉さん女房を希望します。彼ら自身は、小柄なタイプが多く、自分より背が高い女性でもＯＫです。

④情熱タイプ（たくましくてエネルギッシュ）

気が強くて体育会系の営業マン、自営業に多い。「グラマーな女性」を好みます。彼ら自身は、出るところさえ出ていれば、それほどスリムでなくても気にしません。

筋肉質な体型が多くなります。つまり、お互いにホルモンのレベルが高い組み合わせを無意識のうちに求めているのです。

⑤社交タイプ（人なつっこくてノリがいい）

外見がおしゃれなアパレル、美容師に多い。「スリムな女性」を好みます。彼らは、自分自身も痩せ形である場合が多く、だいたい自分以上に細い女性を望みます。

これは、あくまでも私がこれまでの婚活イベントなどで見てきた統計ですが、おおよそ間違っていないのではないかと思います。

さて、あなたの好きな男性はどのタイプ？

Lesson Point

相手好みのタイプを把握して、恋人候補にエントリーしましょう。

43 出会いを引き寄せる魅力的な女性の秘密

私がこれまで300回以上もの婚活イベントやパーティーで男性を見てきた経験から、男性が女性をパッと見たとき、結婚相手として見る条件が3つあります。

①美人に見えること
②処女のように思われること
③性格に致命的な欠点がないこと

①はようするに「**若くキレイに見えること**」です。「キレイ」というのは、見た目の清潔感などは当然ですが、顔の造作が美人かどうかではありません。

それよりも、「若く見えること」がポイントです。つまり、**実年齢よりも見た目年**

齢が大事なのです。今20代の人はそのよさを最大限に活かし、30歳以上の人は、できるだけ見た目を若々しく見せることが大切です。

また、男性が女性を見るときの「顔・肌・体型」は、すべてこの①に包括されています。

②は実際に処女かどうかではなく、**清楚なイメージを与えられるか、少女っぽさを感じられるか**ということです。

当然、派手なメイクや過剰に色気を強調したようなファッションでは、処女性は感じられません。

メイクやファッションを含め、全体の雰囲気などで処女性を感じさせる女性に見せることは可能です。

③は具体的に「**嫉妬や束縛、干渉をしない**」ことです。

この項目は一見ビジュアルやルックスに関係なさそうに思えますが、男性は性格の第一印象はまず見た目から感じとります。

前に述べたとおり、男性は目で恋をするので、見た目で結婚したいと思わせることはとても重要です。

私はレッスン生のみなさんにはわかりやすく、アラサーの女性には石原さとみさん、アラフォーの女性には井川遥さんをイメージするようにお伝えしています。

よく、人を好きになるのに理由なんてないという人がいますが、残念ながらそれは間違いです。がっかりされるかもしれませんが、やっぱり最初は「見た目」です。人は外見で第一印象を決めるものなのです。

ですから、この3つの要因を念頭に置きましょう。

服や髪型を選ぶときに迷ったら、この3つに沿っているかどうかで判断します。そうすると、自然に男性ウケするビジュアルが完成していきます。

実際、先日お付き合いしている彼からプロポーズされたばかりというAさんもその1人です。

それまでは、プライベートでも黒やベージュなど、ビジネス感覚を引きずったままの服選びをしていました。それが、婚活をはじめてから恋愛レッスンで学んだとおり、洋服は清潔感のある白やパステル系の明るい色に変え、ふわっとしたスカートをはくなど大変身を遂げました。髪型も、それまではロングヘアをピシッと1つ結びでまとめていたのですが、毛先まで意識してキレイに巻くようになり、メイクはコンプレックスを隠すのではなく、自分のパーツを活かしたメイクに変えました。

すると、それまでまったく自分に自信がなかったのに、自尊心が育ちはじめ、どんどん婚活イベントにも行くようになり、行動力まで増したのです。

その結果、今の彼と出会うことができました。

婚活をするうえで大切なことは、「どうすれば結婚したい女性になれるか？」ということです。

婚活での印象の順番は、**第1に外見、第2に性格、第3に結婚後のビジョン**。外見から導入し → 性格を受け入れ → 結婚後のビジョンを考えるのです。

たかが外見、されど外見。

服や髪型を変えることは今すぐにでもできます。実は、一番簡単にできる「理想の自分」「なりたい自分」に近づく方法なのです。

もちろん、見た目だけで、内面がともなっていないと時間が経つにつれボロが出る可能性もあります。だから、マインド、異性間コミュニケーション力も一緒に磨いてこそ、さらに効果を発揮します。

不思議なことに、見た目が変わると内面も変わっていくものです。

Lesson Point

見た目が変われば、内面も変わる。一番簡単な理想の自分になる方法。

44 いつでも運命の人と出会う準備はできていますか？

「スリーセット理論」をご存じですか？

よく心理学で使われる言葉ですが、「人間は3回会えば、印象や評価をかなり固定的にしてしまう」ということです。

まず**1回目は、一番大事な第一印象**。

そして**2回目は、自分が思ったとおりの人がどうか、第一印象の確認**。

さらに**3回目は、気が合うかどうかのさぐり**。

ですから、3回目の出会いまでに自分の魅力を最大限にアピールすべきです。特に学生時代と違って、社会人ともなると時間にもかぎりがあります。じっくりと魅力をわかってもらおうなんて、考えが甘いのです。

一目惚れなんて、一瞬で相手の魅力のとりこになるわけですから、3回という回数そのものが、じっくり魅力を伝える時間だと思いましょう。


しかし、最も重要なのは1回目の第一印象です。

男性は、第一印象で女性のことを「子ども」「女性」「おばさん」の3種類のいずれかに、瞬時に振り分けています。

この中で、**「女性」に入った人だけが恋愛・結婚の対象になり、そのように扱ってもらえる**のです。


この3つの印象を、男性は何で分けているのでしょうか。ちゃんと理由があるんです。

「子ども」と「おばさん」の共通項は、お腹がポコンと出ていること。つまり、本能的に男性が受けるイメージとして「妊娠できない」という見た目です。

いわゆる「ボン・キュッ・ボン」というような女性らしい体型（くびれ）を持って

いることは、妊娠できるという状態の見た目です。だから体重などの数字に目を向けるより、**くびれるべき部分がくびれるように体型を保つことが大事**です。

仮に第一印象で「子ども」に区分けされたとしても、「顔・肌・体型」を磨いて「女性」に変身すれば、恋愛・結婚の対象に入ることも可能というわけです。

さらに、「女性」に区分けされた場合でも、実はその中でランクづけされています。

それは、**「白黒」「2D（カラー）」「3D」**の3段階です。

「白黒」は、印象が薄かったり自分のタイプではなかったりした場合。見たけれど映像としてすぐ忘れてしまいます。

「2D（カラー）」は、「かわいいな」「優しそうだな」というような、第一印象がポジティブで好印象なもの。

そして「3D」は、完全な一目惚れ。ハッ！　と目を奪われて、「連絡先を知りたい」「デートしたい」など、その女性と付き合いたいくらい魅力を感じている状態です。

すべての男性に「3D」の印象を与えることができればいいのですが、それは無理があります。

だから目指すは、すべての男性に「2D」の印象を持ってもらうこと。つまり、ポジティブな第一印象を与えることです。

「2D」で見てもらうコツは、まずは、女性だとはっきりわかるファッションをすることです。

男性が女性に身につけてほしいアイテムは、ワンピース、スカート、ハイヒール。なぜなら男性は自分が身につけられないものに惹かれるからです。これらを迷わず選びましょう。

そして、表情は笑顔で。この笑顔こそ、女性の運命を決めるのです。笑顔は「あなたを受け入れますよ」という意思表示のサインになります。さらに会話では、男性の話を肯定し続けること。

男性好みのファッション、笑顔、会話の肯定。これがすべての男性の目に「2D」で映るコツです。これをやったら、確実に第一印象で好感度はアップします。

さきほども述べたとおり、残念ですが、いくらあなたが素晴らしい魅力を持った女性でも、男性は見た目の第一印象でアリ、ナシを判断してしまいます。

あなたの本来のよさを男性に知ってもらうためにも、第一印象が大切なのです。

少なくとも出会いの場で「白黒」にだけはならないように。

これだけは肝に銘じておきましょう。

Lesson Point

出会いの場ではすべての男性に「2D（カラー）」の印象を残しましょう。

45 女性はちょっとの努力で大変身できる

かつての私もそうでしたが、容姿コンプレックスがある女性は恋愛はもちろん、何をするにも自信が持てず、自分のことが好きではないものです。

私の恩師でもある「口ぐせ理論」で著名な佐藤富雄先生の教えにも、**女性の自信の源は容姿（脳活性化の80％）とあるくらい、「容姿への自信」は大事な要素です。**

つまり、キレイになる努力をして美しくなって、自分に自信を持って恋愛すると、すぐに結婚できちゃったりするのです。

さきほど、恋愛・婚活において、男性目線を意識してキレイの努力をするための優先順位として、「顔→肌→体型」を挙げました。

女性は体のメンテナンス、肌や髪のケア、メイクなどを組み合わせれば、どんな人でも男性を魅了できるように変身できます。具体的なテクニックに入っていく前に、心得ておきたい5つのポイントをご紹介しましょう。

①メイク

あなたは、メイクの技術に自信がありますか？

若いころや一時流行したメイクにしがみついていませんか？

メイクって実はちゃんとしたやり方があるのに、自己流でやっている人がほとんど。

そのせいで、残念な顔になっている女性はたくさんいます。

特に、**男性が気になるパーツの目と唇は、メイクの印象で大きく変わる**ものです。

自分の顔を活かしたナチュラルメイクをすることによって、どんどん輝いて結婚していく女性を私はたくさん見てきました。

メイクをしながら鏡に映る自分に向かって「今日もかわいい！」「よし、イケてる！」と自分を鼓舞しましょう。

②ヘアスタイル

髪型は、顔の「額縁」です。顔の印象を決めるのは髪型といっても過言ではありません。男性はロングでもショートでも、本人に似合っていれば「かわいい」と思うものです。

信頼できる美容師さんに相談して、モテヘアに変身させてもらいましょう。

私がおすすめしたいのは、男性の美容師さんに「すべておまかせでお願いします」と、一度完全にまかせてみることです。〝男性から見たとき〟に「キレイ」「かわいい」「優しそう」などの印象を与えるスタイルをつくってもらうのです。

ですから婚活をする間は、美容師さんは男性限定にしましょう。

気をつけたいのは白髪。実年齢よりも老けた印象を与えてしまうので、婚活には絶対NGです。

③歯のケア

これまで何度も繰り返してきましたが、笑顔は女性の魅力を一番輝かせる武器です！　自分が笑顔だと相手も笑顔になり、幸せと楽しさが周りに伝染して、倍増していきます。

ただし、笑ったときに歯が汚かったりすると、素敵な笑顔も台なしに。ホワイトニング効果のある歯磨き粉を使ったり、普段から入念に歯磨きをしたり、月に一度、歯のクリーニングをしたり、笑顔を引き立たせるために歯のケアを怠らないようにしましょう。

④ダイエット

私はレッスン生のみなさんには、体重は気にせず、サイズを気にしましょうとお伝えしています。

ただし、ポッチャリさんの場合は、痩せることによって小顔になるので、顔の印象は変わります。

特に、さきほどもお伝えしたとおり、第一印象で「子ども」「おばさん」に入らないためにも、**「くびれ（ウエスト）」は大切な要素**です。プラス、首（鎖骨周り）、手首、足首など、「首」のつく部分がキュッと締まっているとスタイルがよく見えます。

⑤ファッション

あなたの個性を引き立たせ、魅力的に見せる服が必ずあります。さらに、**男性ウケ**

する色使いや素材でバッチリ決めます。これについては、のちほど詳しくご紹介しますね。

こうして書き出してみると、キレイの努力って、すご〜く楽しそうだと思いませんか？

美しさを保つために、暴飲暴食はしない、適度な睡眠時間を確保するなど（ちなみに私はよほどのことがないかぎり夜は11時に寝て、朝は5時起きです）、健康の基本を大事にすることはもちろん、身だしなみを整える以上の女磨きをしましょう。

美しくなるためには、こうした自己管理こそが絶対不可欠。

女性としての魅力アップは、結局、規則正しい生活をするなどシンプルなことをするに尽きるのです。

Lesson Point

キレイになればなるほど、女性としての自信が湧いてくる。

46

あなたの顔はどのタイプ？本来の魅力を最大限に活かすメイク

女性なら誰もが美しくなりたいと思うのは当然のこと。芸能人やモデル、雑誌などのメイクを参考にして、最新の化粧品を使い、自分の美を高めます。にもかかわらず、自分自身の魅力に満足している人は驚くほど少ないようです。

それはなぜでしょう？

「自分に何が似合うか」＝「あなた自身の魅力」＝「どの方向に向かって進めばいいのか」がわからないからです。つまり、メイクで進むべき方向性に確信がないからではないでしょうか。

世の中で「自分の魅力」と「目指す自分」のベクトルが合っている人は、とても少ないのです。

メイクで大事なのは、あなた自身が持つ魅力を１２０％引き出すこと。そのために、流行のメイクや最新の化粧品は必要ありません。

あなた自身の顔立ちや雰囲気を活かすようなメイクを、きちんとしていればいいのです。


でも、自分の顔は、いえ、自分の顔だからこそ客観視できないもの。

毎日鏡を見ていても、「こうならいいな」という願望を含めた、バイアスのかかった状態で見てしまっていることが多いんです。

私の生徒さんでも、「自分の顔のよさ（魅力）が何かよくわからない」という女性がたくさんいます。


まずは、あなた自身の魅力に気づくことからはじめましょう。

自分の魅力を知り、受け入れ、それを表現することでどんどん美しくなっていきます。**自分の本来持つ魅力を受け入れたときに、なりたい自分になれる**のです。

そこで私がおすすめしているのは、私自身が実践している〝自分自身のメイクのプロになる〟をコンセプトにしたメイク塾「美塾」のメソッドです。

実は私は、美人コンテスト発祥の地・秋田県由利本荘市の「秋田美人街道コンテスト2012」で40歳という年齢にもかかわらず〝秋田美人街道賞（大賞）〟を受賞しました。この栄光は、私らしい美しさを際立たせてくれた美塾メイクのおかげだと確信しています。

美塾では、女性が自分自身の魅力に気づくために、**女性の魅力を「見た目の4種類」×「雰囲気の2種類」＝合計8種類に分けて表しています。**これを**「魅力マトリックス」**と言います。心理学者の出口光さんの著書『天命の暗号』（中経出版）にある「四魂の窓」をもとに、美塾塾長の内田裕士さんが考案したものです。

魅力マトリックスでは、その人の魅力を「凛《りん》」「艶《つや》」「萌《もえ》」「清《きよ》」に分け、さらにそこから「嬢《じょう》」「姫《ひめ》」に細分します。すると、**凛嬢・凛姫・艶嬢・艶姫・萌嬢・萌姫・清嬢・清姫の8種類に分けられます。**

魅力マトリックスによって、「ずっと艶メイクばかりしていたけど、実は萌だったんだ…」というふうに、自分自身の魅力が明らかになるのです。

多くの女性は、自分の顔について主観的にしか見られません。

「こうなったらいいな」

「ここが嫌い」

という自分の意見や願望があり、それを叶えるメイクをしようとしてしまいます。

でも、**あなたの最大の魅力は「あなたであること」**。

あなたがあなたらしい魅力に気づくことで、毎日鏡を見るたびに顔がほころび、外に出て人と会うことが楽しみになって、自信につながる…。まさに見た目が変わることによって、内面も変わるのです！


それではさっそくあなたの魅力を引き出し、最大限に活かすメイク法を知るために、一緒にトライしていきましょう。

次のページからの魅力診断チェック方法や魅力別の対策などは、美塾で使用する『魅力マトリックスブック』からお伝えさせていただきます。

美塾は「らしさが美しいを文化に…」をコンセプトに全国展開しているメイク教室です。
興味のある方はぜひ一度、お近くの地域の美塾講師にメイクを習ってみることをおすすめします（美塾ホームページ　http://bi-juku.jp）。

Lesson Point

「自分の魅力」と「目指す自分」のベクトルを合わせよう。

まずは自分の魅力を知ろう！

次の６つの質問に答えることで、あなたの魅力が何か明らかになります。
ただし、**①自分でやらない　②多くの人に聞く　③身近な人に聞かない**
この３つが正確な魅力診断をするコツです。必ず第三者に聞いてください。

✦ Question ✦

1. 顔のタイプは

- □ 直線的
- □ 曲線的

2. 肌の色は

- □ 色白
- □ 色白ではない

3. 肌の質感は

- □ さらさら肌
- □ つやつや肌

4. 全体の雰囲気は

- □ きりっとシャープ
- □ ふわっとソフト

5. 顔立ちは

- □ シンプル
- □ 華やか

6. 顔の雰囲気は

- □ 子ども顔
- □ 大人顔

点数表

		A	B	C	D	✓
1	直線的	3	0	0	2	
	曲線的	0	2	2	0	
2	色白	0	0	3	3	
	色白ではない	2	2	0	0	
3	さらさら肌	2	0	1	3	
	つやつや肌	0	3	1	0	
4	きりっとシャープ	3	2	1	1	
	ふわっとソフト	0	0	1	1	
5	シンプル	2	0	1	3	
	華やか	0	2	1	0	
6	子ども顔	0	0	3	2	
	大人顔	3	2	0	0	

判定表

	A	B	C	D
1				
2				
3				
4				
5				
6				

以上、６つの質問で出た答えを点数表に照らし合わせ、選んだ答えの右側にある **A～D** の数字を、判定表にそれぞれ書き込んでください。数字を縦に足していき、**A～D** それぞれの合計を出します。合計の数値で、あなたのタイプがわかります。

その中で、一番多い数値が、あなたの魅力のカテゴリーです。

◎Aの数値が多い人　凛《りん》　→　194ページへ

◎Bの数値が多い人　艶《つや》　→　195ページへ

◎Cの数値が多い人　萌《もえ》　→　196ページへ

◎Dの数値が多い人　清《きよ》　→　197ページへ

※同じ数値がある場合は、その2つの要素を併せ持った魅力ということなので、どちらの表現も取り入れることができます。または、数値に差が出るまでさらにたくさんの人に聞いてみましょう。

2種類の雰囲気「嬢《じょう》」と「姫《ひめ》」

4種類のうち、あなたのタイプがわかったら、さらに「嬢」か「姫」の2タイプに分かれます。次の3つの質問で、**人があなたにふさわしいと感じる**のはどちらでしょう？　これも同じように友人や知人、彼などの第三者に聞いてみましょう。実際の性格は別として、あくまで見た目のイメージで聞くことがポイントです。

Q1. A 盛り上げ役であってほしい　B 聞き役であってほしい
Q2. A 太陽的な存在であってほしい　B 月的な存在であってほしい
Q3. A かわいがってあげたいイメージ　B かわいがってもらいたいイメージ

A が多い場合は嬢　B が多い場合は姫です。

嬢　笑顔はじける ムードメーカー

嬢の女性は、笑顔や声でみんなを楽しませる魅力のある、太陽的な存在。メイクやファッションは、完璧につくるより多少スキやゆとりがあるほうが人間味が映えます。

姫　強い意志と 存在感を持つカリスマ

姫の女性は、存在感と意志の強さで深みや緊張感を与える、月的な存在。カリスマ性があるので、スキのないファッションやメイクが求められます。完璧さを表現すればオーラが10倍アップ。

メイクやファッションを、4タイプそれぞれの特徴に加え、この「嬢」か「姫」を意識すると、あなたの魅力をさらに引き出してくれます。

凛《りん》

きりっとしたクールビューティ

キーワード

中性的（直線的）・かっこいい（社会的）

凛の女性は、女性が憧れる女性。世界的に活躍している日本人のスーパーモデルや、ミス・ユニバースで優勝した森理世さんなどがここに属します。

このタイプの女性の魅力は、意志がありそうで一見近づきがたいオーラ。話しかけにくいと思われることもありますが、それこそが魅力です。

また、凛嬢は表情が豊かなため、見抜きにくい特徴があります。

凛の芸能人

安室奈美恵さん、山田優さん、中島美嘉さん、黒木メイサさん

凛特有の悩み

「怖く見られるのでは」という不安を持つ人が多い

凛の間違った対策

メイクでやわらげ、話しかけやすさを優先してしまう

凛メイクのキーワード

［直線的・深み・メリハリを意識］

凛のメイクの基本は色味を抑えること。チークや口紅はベージュ系がおすすめ。パールが入ったものは使わずに、ツヤ感を抑えてマットな質感に仕上げましょう。目元に使う色は黒が最も効果的。眉はしっかり描き、アイラインも上下に黒でしっかり入れます。黒く濃いフレームラインをつくるようにすると陰影のある目元に仕上がります。

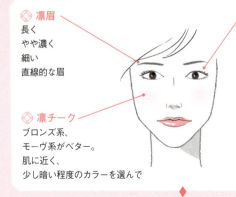

凛眉

長く
やや濃く
細い
直線的な眉

凛アイメイク

グラデーションより
はっきりと
メリハリを重視。
色は使わず深みを強調

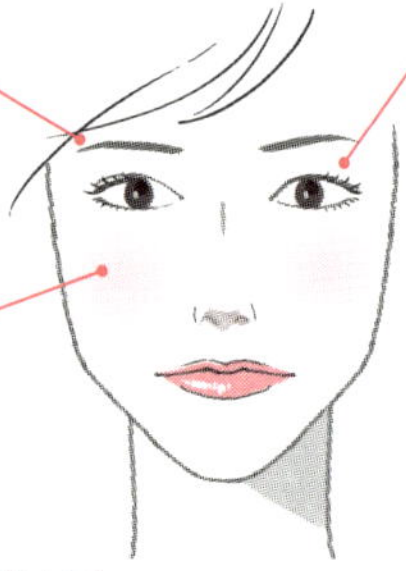

凛チーク

ブロンズ系、
モーヴ系がベター。
肌に近く、
少し暗い程度のカラーを選んで

凛のNGメイク

優しく見せようとして、
明るくポップなカラーを
使うのは危険！

艶《つや》

華やかで色っぽい

キーワード

女性的（曲線的）・かっこいい（社会的）

艶の女性は、いわゆる「いい女」。フェロモンのある女性らしさを武器にすると、最も威力を発揮するのが魅力です。女性であることに誇りを持ち、磨きをかければかけるほど際立つ、努力の報われるカテゴリー。

峰不二子やキャッツアイ、キューティーハニーなど、アニメに登場する象徴的な色っぽい女性のキャラクターは総じて艶。彼女たちからこのカテゴリーの魅力を学びとれます。

艶の芸能人

藤原紀香さん、井川遥さん、小池栄子さん、北川景子さん

艶特有の悩み

「老けて見られるのでは」という不安を持つ人が多い

艶の間違った対策

メイクで若づくりをし、かわいらしく見せようとする

艶メイクのキーワード

[曲線的・深み・グラデーション]

大切なのはリッチ感と色気を意識すること。パール入りのアイシャドウが似合います。ただし明るくしないこと。影をつくることでぐっと女性的な魅力が増します。唇には若干色気を感じさせるカラーを使い、グロスを重ねてツヤ感を出し、ぽってりとした質感を演出しましょう。

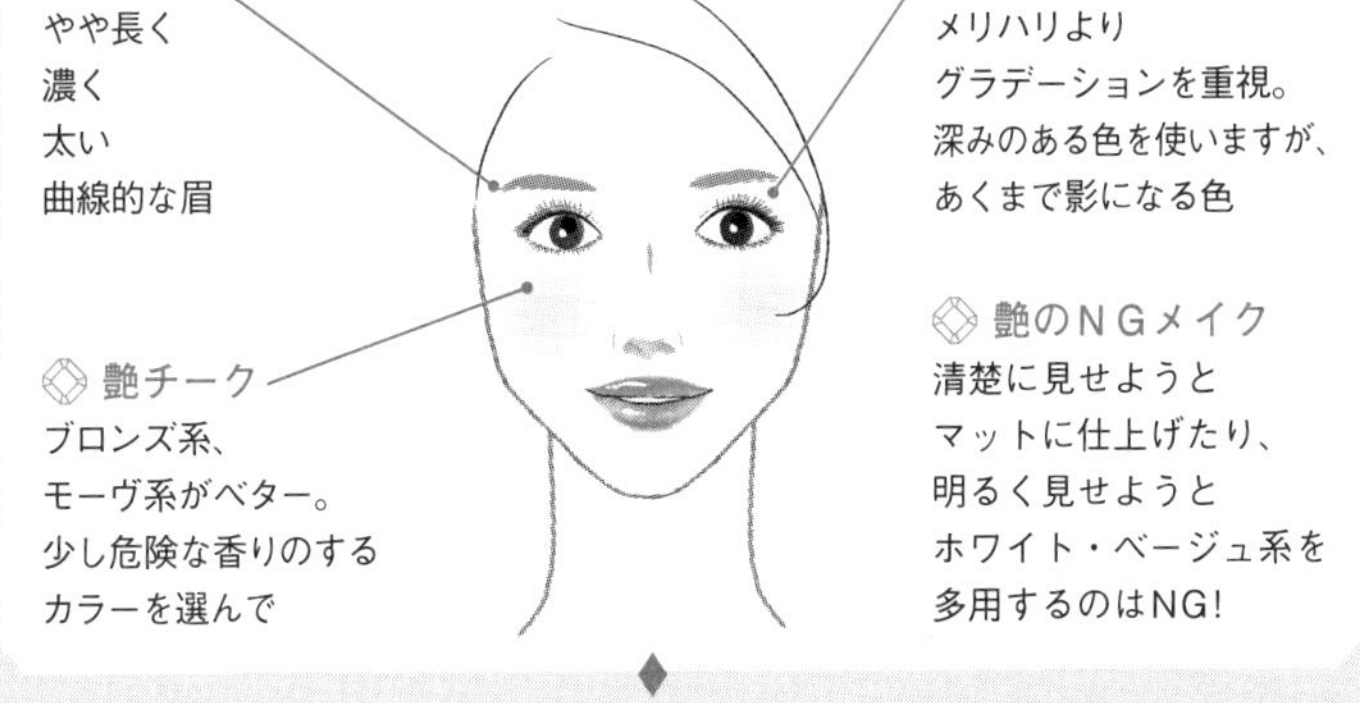

艶眉
やや長く
濃く
太い
曲線的な眉
艶アイメイク
メリハリより
グラデーションを重視。
深みのある色を使いますが、
あくまで影になる色
艶チーク
ブロンズ系、
モーヴ系がベター。
少し危険な香りのする
カラーを選んで
艶のＮＧメイク
清楚に見せようと
マットに仕上げたり、
明るく見せようと
ホワイト・ベージュ系を
多用するのはNG!

萌《もえ》

かわいくて愛くるしい

キーワード

女性的（曲線的）・かわいい（社会的）

萌の女性は、愛されキャラ。放っておけない、かわいがってあげたくなる、思わずかまいたくなる、家に持ち帰って飾っておきたい、それが魅力です。年を重ねてなおあっけらかんとした生活感のないかわいらしさが象徴的。

萌の芸能人

永作博美さん、浜崎あゆみさん、蛯原友里さん、宮崎あおいさん

萌特有の悩み

「子どもっぽい」「天然キャラに見られてしまうのでは」という不安を持つ人が多い

萌の間違った対策

メイクで大人っぽく、賢そうに見られようとしてしまう

萌メイクのキーワード

［曲線的・明るさ・メリハリを意識］

アイメイクをとにかくキュートに。下まつ毛にたっぷりマスカラを塗るのも効果的。多少ダマっぽくなっても萌ならＯＫ。チークはふんわりやわらかく、多少ポップに見えてもいいくらい。初恋の相手に会ったときのような頬を表現して。そのかわり、ファンデーション・アイメイクカラーはナチュラルに。

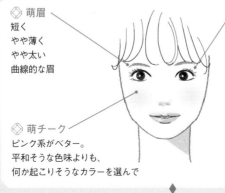

萌眉

短く
やや薄く
やや太い
曲線的な眉

萌アイメイク

メリハリを重視。
アイシャドウは控えめにし、
アイラインとマスカラで
パッチリした
お人形のような目元に

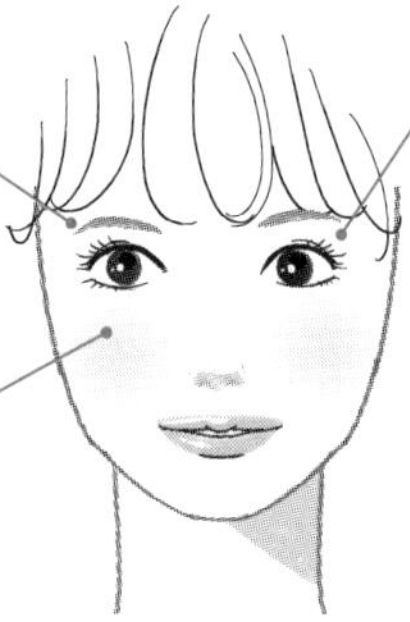

萌チーク

ピンク系がベター。
平和そうな色味よりも、
何か起こりそうなカラーを選んで

萌のＮＧメイク

大人っぽく見せようとするのはダメ。
特に口紅の強い濃い色は残念！

清《きよ》
さわやかでナチュラル

キーワード
中性的（直線的）・かわいい（社会的）

清の女性は、癒し系。さらさらと清らか、純粋で透明な視線。すべてを許してくれそうな微笑み。浮世離れした穏やかさが魅力です。素のままの飾らない美しさが特徴で、女優やタレントならシャンプーやお茶のＣＭに起用されることが多いカテゴリー。

清の芸能人
篠原涼子さん、広末涼子さん、長澤まさみさん、蒼井優さん、新垣結衣さん

清特有の悩み
「印象が薄いと思われているのでは」という不安を持つ人が多い

清の間違った対策
メイクをしっかりして、存在感を出そうとしてしまう

清メイクのキーワード
［直線的・明るさ・グラデーション］

ラインをとったりベタ塗りしたりせずに、とにかく繊細にナチュラルに仕上げます。眉もあまりカットしたりせずになるべくそのままで。アイラインも引かず自然なグラデーションをつくるとぐっと素顔美人に。

清眉
やや長く
薄く
やや細い
直線的な眉

清チーク
ベージュ系、
オレンジ系がベター。
やわらかい印象の
見るだけでなごむような
カラーを選んで

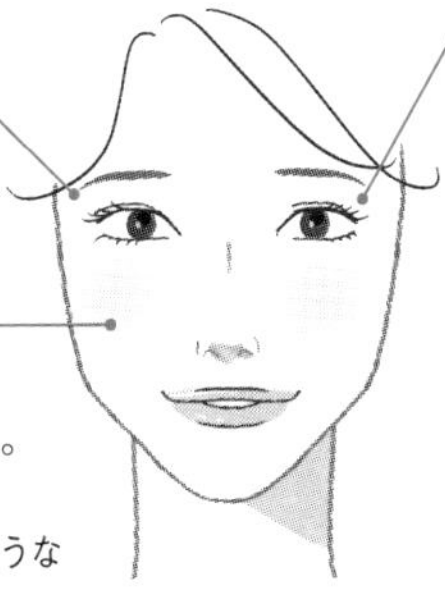

清アイメイク
色味のないベージュ系、
自然界にありそうな
グリーン系、オレンジ系が
おすすめ。
明るさを重視して
あくまでもナチュラルに

清のＮＧメイク
しっかりメイクや、
アイラインとマスカラで
強調した目元はダメ。
華やかな色味なども危険!

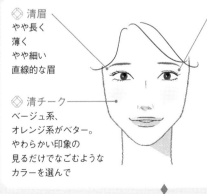

47 女性の永遠の憧れ「ベビーフェイス」

「ベビーフェイス効果」という言葉を聞いたことはありますか？

ベビーフェイスはそのまま童顔という意味です。

幼児的特徴を持った顔は、「かわいい」という感情を引き起こしやすく、そのような顔の人は、温かくて、正直で、素直だと見られやすいそうです。

これが赤ちゃんのようだと認識され、結果的にそのような性質（無邪気・無力・正直・純真無垢）を持つと考えられています。

メリットとデメリットがありますが、女性の場合はどちらかというと童顔はメリットのほうが多いと思います。

一般的にも、「丸顔」「大きな目」「小さな鼻」「広い額」「短いあご」「明るめの肌と髪」などのイメージから、「社交性が高く」「健康」と思われがちですが、なによりも「**ピュア**」という言葉がしっくりくるのではないでしょうか。

これはまさに男性が結婚したい女性に求める「処女性」のことですね。男性の大好物です！

赤ちゃんを見ると、守ってあげたいという気持ちが起こるように、大人のベビーフェイスに対しても男性は同じ反応を起こすのです。

このベビーフェイスを叶えるメイクテクニックをお教えしましょう！

まず、ファンデーションの厚塗りは絶対NG。目指すのはふんわり感とツヤツヤ感の両立。盛りメイクはやめて、あくまでも素肌っぽさを意識した薄メイクで。

アイメイクはパステルカラーなどの淡い色のアイシャドウを選びましょう。シャドウをのせるときは中指を使うと肌への負担も少ないそうです。

アイラインは丁寧に細く引きます。長く描いてしまうと大人びた印象になるので、目尻でストップさせてぱっちり感を出しましょう。

目の下の涙袋の部分に、繊細なパールやラメの入ったアイペンシルを引くと、赤ちゃんのようなうるうる目になります。
頬は薄いピンク系のチークを丸く入れて、ほんのり紅潮したように見せます。

これで男性ウケするベビーフェイスメイクの完成です。ただし、さきほど「美塾」のメソッドをご紹介したとおり、基本的には「自分の顔を活かす」「自分の魅力を引き出す」メイクが前提ですよ。
ピュアなベビーフェイスを目指して、鏡の前で練習してみましょう♪

Lesson Point

ベビーフェイスメイクで男をとりこにするピュア感を演出しよう。

48 美しさは表情に表れる

女性にとって大きな関心事とも言える「美人」の基準とは何でしょうか？

顔の造形そのものが美しい顔美人。
全体の雰囲気がいい雰囲気美人。
心がキレイな性格美人。

私は女性の美しさについて、婚活セミナーや講演などを通していろんな切り口でお話ししますが、やっぱり**女性の本来の美しさは「表情」に尽きる**と思います。
仮にどんなにキレイな肌でも、どんなに整った目鼻立ちでも、表情がない女性は魅力的には見えないものです。

ちなみに、目鼻立ちやメイクなどのパーツ美は国や地域、時代によって大きく変化していきます。つまり、かぎりなくいい加減なものなのです。

しかし、どんなに時代が変わろうとも、そして世界のどんな国でも地域でも変わらない**絶対的な女性の美、それが「表情美」**です。

表情こそが女性の美をつくるための絶対条件！

嬉しいときは笑顔、悲しいときは涙、怒ったときは眉がつり上がったり、ふくれ顔。私たちは本能として、笑顔の人を愛し、涙を流す人に慰めたい気持ちが起こり、怒り顔の人には恐怖と嫌悪感を覚えます。

これは、自分の意思ではどうにもならない本能レベルの心の働きです。

だからこそ、表情豊かな人に魅了されるのです。

表情豊かな女性に共通しているのは、心身ともに健康で強いこと。心と肉体に宿った、秘められた力を持っています。精神的、経済的、社会的に自立しており、その自信が表情になって表れ、キラキラと輝いているのです。

これは私自身に言い聞かせるためにも書いていますが、年を重ねてなお、もっともっと、豊かな表情が出せる美しい女性でありたいと思っています。

Lesson Point

世界共通、美しさの絶対基準は表情美。

49 男がつい褒めちゃう共感おしゃれのつくり方

「結婚したい女性」の3大条件として「美人に見えること」「処女のように思われること」「性格に致命的な欠点がないこと」と挙げましたが、ファッションの選び方1つでこれらを一度にクリアすることも可能です。また、多くの男性に「2D（カラー）」で見てもらえるようになります。

ファッションは無限に自分を変えることができる、一番即効性のあるアプローチ方法です。身長やもともとの体型など、生まれつきのもの、自力では変えられない特徴までもカバーしてくれる、みんなに平等のツールです。

今までなぜか「第一印象がイマイチ」と思われたり、本来の自分とは違う見られ方をする人は、このツールを上手に使いこなしていない場合があります。

バランスのとれたファッションは、セルフイメージの向上にも役に立ちます。

新しいファッションにチャレンジしていくと、あなたの魅力は底なしになり、男性は驚くことでしょう。これまでのあなたを一新するチャンスでもあります！

それでは、絶対にはずさない男性ウケするファッションのつくり方と、男性が引いてしまうNGファッションについてお教えします。

まずは、しっかり頭に入れておいてほしいことがあります。


男ウケするのは、「清潔感」「かわいい」「華奢」「はかなさ」を感じるスタイル。

女ウケするのは、「かわいい」「かっこいい」「面白さ」を感じるスタイル。


このように、男性が思う「おしゃれ」は、女性の好みとはかなり違うのです。

まず、「清潔感」。これを感じさせるファッションが評価が高くなります。特に「白」という色の評価は、男性全体として高い評価が出ています。この「白」も「処女性（ピュア）」を連想させるカラーですよね。その他は、ピンクやブルーなどのパステルカラー、つまり優しい印象を与えられる色も好感度が高いです。

次のポイントが、**セクシーすぎないこと**。

たとえば、胸元を強調して露出する場合、多くの男性はそこに目がいきます。ところが、セクシーな部分に目がいくからといって、男性からの評価は上がりません。

私が婚活イベントなどで出会った500名の男性への聞きとり調査から、露骨にセクシーさを強調するよりも、その多くが「**上品な色気**」を求めていることがわかりました。たとえば脚だけ出すとか、うなじや鎖骨を見せるといった直接的すぎない色気を重視しています。

胸元を強調するときには、強調するとともに胸が見えすぎないこともポイントです(胸の谷間を見せるのはNG)。

肌を見せすぎないようにしながらも、体のラインがわかるポイントがあると、男性好みのファッションになります。ですから、普段、チュニックにデニムのような全身を隠す服装をしている人は、スカートで脚を出すことからトライしましょう。

また、男性は目がチカチカするような生地、模様が複雑な服は、画像処理をしきれなくなるため、視界からはずそうとします。

一方、**目で見て思わず触りたくなるようなてろんとした生地や、ふわふわ・モコモコして柔らかそうな素材は大好き**です。なぜなら視覚で興奮する生き物だからです。「目で恋をする」と同じ理論ですね。

女性ファッションのジャンルはさまざまですし、男性の好みもさまざまです。

でも、ここでお話ししたポイントはどの世代の男性でも共通しますから、必ず押さえてライバルに差をつけましょう。

Lesson Point

男性共通のおしゃれ共感ポイントを押さえて出会いの場へ行こう。

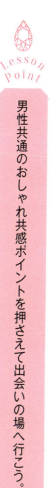

50 必須！ 究極の〝モテ服〟アイテム

男性にファッションでアピールしていくとなると、「色じかけ」「露出度を高めていく」という方向に走りがちです。たしかに、たとえばミニスカートは男性の注目を集める効果は絶大でしょう。スカートは短ければ短いほどいい！ は、男性の率直な意見です。

しかし、結婚を見越した「真面目な恋愛」を求めている男性に対して、この路線が逆効果に働くことは言うまでもありません。どうしたって軽く見られることを避けられないからです。

「いかにムダに露出しないで、かわいく魅力的だと思わせるか」

これは、本命モテファッションを極めるためのメインテーマと言っても過言ではありません。

さまざまなファッション誌で男性から人気の高い服装を調べた結果、ダントツぶっちぎりで支持されているアイテムが、「**白ワンピース**」です。

まさに、究極のモテ服とも言えますが、鉄板のベーシックなアイテムとも言えます。

だから、婚活をする女性は、必ず1着は「白ワンピース」を用意しておきましょう。

冬場なら白系のコートでも代用できます。ペールトーン（パステルカラー）の印象も白に準じますので、ここでは白系に含めて話を進めていきます。

他にも服装はいろいろあるのに、結局は「白ワンピース」か…と思いますよね。

なぜ「白ワンピース」がそこまで人気が高いのか。

その理由は、まず「白」というだけで、「清潔感が高い」印象になること。

そして、男性ウケするファッションの2大ポイント、「乙女」と「少女」の要素、両方を備えているからです。この2つの要素には、前項でお伝えした男性が共感する

４つのポイント「清潔感」「かわいい」「華奢」「はかなさ」が詰まっています。

男性は、自分の恋人には「普通の格好」をしてもらいたいのが男心なのです。特に結婚となると「両親に紹介できるタイプかどうか」は、はずせない条件になります。

その条件を間違いなくクリアできるのが、「白ワンピース」なのです。

また、**安心できる女性と結婚したいという心理があります**。その中には、もし浮気をして妊娠したら？　と仮定して、「浮気をされる心配が少ない」という意味も含まれます。自然界のオスにとって、他人の子どもをそれと知らずに育てるほどの損失はありません。

メスの場合は、通常、父親が誰であっても自分のお腹から生まれた子どもは間違いなく自分の子どもです。しかし、オスにはその確信がない…。だから、オスは独占欲が強いのです。

そういう男性は、あえて美人を避け、あまり目立たない女性と結婚したがる傾向があります。妻があまり美人すぎると、他の男性からも誘惑されますから、夫も安心していられないのです。遊びだったらルックスを重視しますが、結婚となるとまた別なのです。

つまり、**「浮気の心配が少ない清楚な女性」（＝「処女性を感じさせる女性」）をファッションで表現すること**。それだけ〝処女性〟というのは、婚活に使える強力なオプションなのです。

しかし、不思議とこの「白ワンピース」は似合う人と似合わない人がはっきりするアイテムです。なぜならメイクや立ち居振る舞いなど、その人の気質が出てくるからです。ですから、「白ワンピース」を着るにふさわしい高潔な女性を目指すことが大事。

ひと口に「白ワンピース」といっても、シンプルなものから個性的なものまでさまざまなデザインがありますから、店員さんに見てもらい、自分に似合う1着を選ぶようにしてくださいね。

Lesson Point

ここ一番の勝負は「白ワンピース」で決めよう。

おわりに

最後まで読んでくださり、ありがとうございます。

この本は、私のこれまでの仕事の集大成というべきものです。女性が恋愛を経て、結婚するために必要なことを詰め込みましたので、まさに婚活の教科書として永久保存版にしてほしいと願っております。

本文で触れているとおり、私は結婚で女性を応援する立場ですが、「結婚＝絶対の幸せ」とは思っていません。結婚してもしなくても、人生の幸福度や充実度は人それぞれ違うからです。

でも、**あなたの人生で「結婚」が、何がなんでも成し遂げたいものであるならば、絶対に結婚したほうがいい！**

なぜなら、彼氏もおらず、結婚もせず、異性と心と体をほとんど触れ合うことなく年老いてしまった女性の「想像を絶する後悔」を相談されることも多いからです。

そのたびに、独身の方に結婚できるチャンスを与えることができる私の仕事は、とても意義があることであり、社会貢献なのだと自覚しています。さらに、私の婚活セミナーやイベント、恋愛レッスンになかなか参加できない方が、この本を手にすることによって結婚することができたら、このうえない喜びです。

男性と付き合いたかったら、付き合いましょう。
結婚したかったら、結婚しましょう。
子どもを産みたかったら、産みましょう。
自分がしたいことは、誰にも遠慮することなくやればいいのです。
自分の人生に、ただの1つの後悔もないように。

私自身、経験上「結婚はいいものだ」と心から思っています。応援してくれるパートナーがいる、家族がいることが生きる力になっています。
「結婚で日本を盛り上げよう！　プロジェクト」を主宰しているのも、結婚も子育ても仕事も、すべてを諦めることなく人生を楽しめる女性が、日本にどんどん増えていくことを願っているからです。

これまでコツコツと積み重ねてきた実績が、書籍という形となってみなさんにお届けできたことを心から嬉しく思います。

最後になりましたが、出版のきっかけをつくってくださった松尾公輝さん、後藤光正さん、中山マコトさん、飯田伸一さん、かんき出版の渡部絵理さん、本当にありがとうございました。

そして、私の出版を応援してくれた家族や友人、関係者のみなさんに心から感謝申し上げます。

2016年3月

佐藤律子

読んでくださった
みなさまへの
限定特典！

最後まで読んでくださり、ありがとうございます。
読んでくださったみなさまに、
感謝を込めて無料プレゼントをご用意いたしました。

恋活・婚活で勝つ！
読むだけでモテる「婚活モテ講座テキスト」

よかったら今すぐアクセスしてみてください！
http://www.iseikan.jp/
または、「佐藤律子」or「異性間コミュニケーション」で
検索してみてくださいね。

【著者紹介】
佐藤　律子（さとう・りつこ）
◉――株式会社アートセレモニー代表取締役社長。「結婚で日本を盛り上げよう！プロジェクト」主宰。婚活スペシャリスト、異性間コミュニケーション®講師（認定講師制度あり）、講演・イベントプロデューサー。女性向け情報誌「ビューティーマドンナMiyagi」編集長。
◉――普通のOLから転職してウエディングプランナーになり、仙台初のレストランウエディング事業で驚異的な売上（年商1000万円から3億円へ）を達成し、30歳のときにブライダルプロデュース業で起業。しかし、結婚、妊娠、出産、起業がすべて重なり、その無謀な環境と経営経験不足で事業に失敗。生まれたばかりの子どもの産着すら買えない状態まで生活が困窮。社会と起業は甘くないことを身をもって学びつつも、トータル1000組以上を結婚にみちびいた経験から、結婚式場紹介、婚活支援、結婚情報誌の発行、講演・イベントプロデュースに事業転換して再スタート。
◉――現在は、日本唯一の婚活スペシャリスト、異性間コミュニケーション講師、講演・イベントプロデューサーとして活躍中。異性間コミュニケーション講座の受講者は全国で延べ１万人を超える。美人コンテスト発祥の地・秋田県由利本荘市の「秋田美人街道コンテスト2012」で“秋田美人街道賞（大賞）”を受賞。雑誌掲載・テレビ出演など多数。既婚、一児の母。

ホームページ　http://www.iseikan.jp/
ブログ　http://ameblo.jp/artbridal/
フェイスブック　https://www.facebook.com/ritsuko.satoh

ずるいくらい思《おも》いのままに恋《こい》が叶《かな》う　〈検印廃止〉

2016年４月18日　第１刷発行

著　者――佐藤　律子
発行者――齊藤　龍男
発行所――株式会社かんき出版
東京都千代田区麴町4-1-4 西脇ビル　〒102-0083
電話　営業部：03(3262)8011㈹　編集部：03(3262)8012㈹
FAX　03(3234)4421　振替　00100-2-62304
http://www.kanki-pub.co.jp/

印刷所――シナノ書籍印刷株式会社

　ISBN978-4-7612-7164-0 C0095